地方政府性债务审计研究

国际经验与中国实践

钟 玮◎著

中国财经出版传媒集团
中国财政经济出版社
·北 京·

图书在版编目（CIP）数据

地方政府性债务审计研究：国际经验与中国实践／钟玮著．--北京：中国财政经济出版社，2024.11.

ISBN 978－7－5223－3408－0

Ⅰ.F239.44

中国国家版本馆 CIP 数据核字第 202458PE17 号

责任编辑：闫　娟　　　　责任印制：史大鹏

封面设计：陈宇琰　　　　责任校对：胡永立

地方政府性债务审计研究：国际经验与中国实践

DIFANG ZHENGFUXING ZHAIWU SHENJI YANJIU：GUOJI JINGYAN YU ZHONGGUO SHIJIAN

中国财政经济出版社 出版

URL：http：//www.cfeph.cn

E－mail：cfeph@cfeph.cn

社址：北京市海淀区阜成路甲 28 号　邮政编码：100142

营销中心电话：010－88191522

天猫网店：中国财政经济出版社旗舰店

网址：https：//zgczjjcbs.tmall.com

中煤（北京）印务有限公司印刷　各地新华书店经销

成品尺寸：170mm×240mm　16 开　12 印张　170 000 字

2024 年 11 月第 1 版　2024 年 11 月北京第 1 次印刷

定价：60.00 元

ISBN 978－7－5223－3408－0

（图书出现印装问题，本社负责调换，电话：010－88190548）

本社图书质量投诉电话：010－88190744

打击盗版举报热线：010－88191661　QQ：2242791300

前 言

本书坚持以习近平新时代中国特色社会主义思想为指导，在深入领会当前党中央、国务院有关地方政府债务合并监管决策部署、落实“研究型审计”的要求、学习相关部门出台的有关政策文件的基础上，围绕“地方政府债务监管新形势下审计如何发挥作用”这一研究主题，对国内外有关地方政府债务、政府债务风险管理、地方政府性债务审计、绩效审计等理论文献进行了梳理综述，对地方政府债务、地方政府性债务审计等基本概念进行了界定，对国内外地方政府债务监管的理论进展和实践探索进行了提炼和总结。

本书从地方政府债务监管的理念、必要性、前提和目标、关键举措和实现路径等方面系统分析了地方政府债务监管的治理框架和构成要素。在此基础上，总结了地方政府性债务审计工作的总体进展，并从关注债务规模、结构与变化趋势，界定政府债务的审计范围，债务数据的完整性和准确性，审计链条和对象，穿透式监管与审计力量关系，审计整改问责的贯通协作与长效化机制和问责力度等方面分析了地方政府性债务审计工作面临的难点。根据地方政府债务监管的要求，研究提出债务审计法制化、监督机制常态化、对象全面化、操作规程标准化、审计手段数字化的建设目标，从审计方式、任务重点、工作机制方面明确“3 + 3 + 6”的建设内容，并将现行审计按照从点到面、从面到体的逻辑层次分为事项行为专项审计、政府决算与财务报告审计和债务风险传导审计，分别探讨提出各类型审计的目标、对象和内容、审计程序及需要关注的审计问题。最后，从统一监管法律框架；建立审计规则与债务风险信息库，强化债务风险分析监测；创新审计工作机制和方式方法；财审联动加快推动结构化改革，完善地方债风险长期应对机制；以审促改，加强地方政府性债务审计结果应用五个方面提出适应监管要求的地方债务审计改进建议。

目　录

第一章

绪　论

本章明确地方政府债务、地方政府性债务审计等相关概念，确定研究的主体研究思路、研究方法和技术路线。

一、研究背景与意义

（一）研究背景

新时代中国特色社会主义审计模式，是中国共产党领导、拥有广泛法定权限、与其他监督相贯通、全国一盘棋的，对党、政府、人大及人民负责有机统一的综合审计模式（孙宝厚，2021）。地方政府性债务审计是这一模式的重要内容，是服务国家政治目标的重要载体、施政工具和专业力量，在国家治理中发挥着基础性、保障性作用，对于守住不发生系统性风险的底线意义重大。从数据来看，自国际金融危机以来，我国地方政府杠杆率不断攀升，截至 2023 年 12 月末，全国地方政府债务余额 407372 亿元，占全国政府债务总额的比重为 57.6%，中央和地方债务合计占全年 GDP 的比重为 56.1%，整体低于欧盟 60% 的警戒线。当前我国财政运行总体平稳，重点领域风险防范与化解工作卓有成效，经济由高速发展向高质量发展的长期确定趋势已经形成，但同时也应看到，局部地区偿债压力大。2022 年底的中央经济工作会议三次提及地方政府债务风险；2023 年中央经济工作会议进一步提出“统筹好地方债务风险化解和稳定发展”。因此，如何应对地方政府债务出现的新形势、新问题，不断提升审计效能无疑是今后一个时期审计监督体系建设的重中之重。

目前，审计机关针对地方政府性债务审计工作都进行了有益探索和尝试，也形成了一些经验，因此，需进一步开展债务监管的审计理论研究和经验总结，以便更好指导审计实践。

（二）研究意义

1. 新形势下地方政府债务风险管控机制需要进一步完善

2013 年党的十八届三中全会通过的《中共中央关于全面深化改革若干重大问题的决定》提出，建立规范的中央和地方政府债务管理及风险预警机制。根据我国《政府会计准则第 8 号——负债》的定义：负债是指政府会计主体过去的经济业务或者事项形成的，预期会导致经济资源流出政府会计主体的现时义务。相应的，政府债务是政府为满足公共支出需要，举借形成的负债。地方政府债务举借受到严格的限额管理，支出只能用于投资建设，即有相应的基础资产与之对应，专项债部分还有相应的政府性基金和专项收入，因而，法定限额内的债务风险总体是可控的。

隐性债务即地方政府在法定限额之外，通过违法提供担保等方式举借的，承诺未来直接或间接以财政资金偿还的债务。近年来，相对于法定债务，隐性债务表现形式多样且不断翻新，如：将无收益的公益性资产注入事业单位抵押融资；通过 PPP 项目、政府购买服务、政府投资基金等形式，承诺保底收益、形成固定支付义务；利用公立医院、高校等以融资租赁、基础设施应收账款、资产证券化方式融资。由于隐性债务名义负担人和实际负担人分离，常游离于预算、审计、国库及人大监督范围之外，相应也成为监管难点。

由于始终坚持高压监管、不断化解存量，遏制增量，地方政府债务期限结构正在不断优化，总体透明度不断提高，2023 年末，地方政府一般债务余额 158687.48 亿元、专项债务余额 248685.45 亿元，控制在全国人大批准的债务限额 421674.3 亿元以内。地方政府债券剩余平均年限 9.1 年，其中一般债券 6.3 年，专项债券 10.9 年；平均利率 3.27%，其中一般债券 3.26%，专项债券 3.28%。

对于隐性债务，通过完善监测机制、坚决遏制增量、稳妥化解存量，以及健全监督问责机制等措施，地方隐性债务风险源头得到了有效管控，部分地区实现了隐性债务清零，为经济的稳定和可持续发展提供了保障。随着我国地方政府债务监管进入深水区，在党的二十大报告中即明确了："主动识变应变求变，主动防范化解风险"的总体方向。2022 年 12 月 15 日，习近平总书记在中央经济工作会议上就防范化解地方政府债务风险方面强调："要压实省级政府防范化解隐性债务主体责任，加大存量隐性债务处置力度，优化债务期限结构，降低利息负担，稳步推进地方政府隐性债务和法定债务合并监管，坚决遏制增量、化解存量"。

要落实上述要求，就需要调整监管思路，突破目前实践中的一些难点，除了"债务项目过度包装、对项目后续跟踪监管缺位"等问题外，从地方政府化解债务的现实看，部分地方政府目前还存在历史债务负担重、财力基础薄弱，对于"一揽子化债政策"中依靠自身财政资金偿还、盘活存量资产等的偿债能力有限；更重要的，在落实中央对地方债务的管理要求、控制和降低债务风险的同时，地方政府还需切实保障民生推动经济高质量发展。因此，对二类债务实施全口径管理，将其控制在安全线下，构建统一、规范、科学、有效、可持续的地方举债机制是一项需要在地方与中央、发展与稳定、短期与长期之间实现平衡可持续的系统工程，对于我国积极应对"三重压力"，统筹安全与发展等都具有重要的战略意义。

2. 审计监督是强化地方政府债务监管的重要抓手

审计作为国家治理体系的重要组成部分，在维护国家经济安全、防范和化解重大风险中发挥着关键作用，对于地方政府债务，早在《审计署"十二五"审计工作发展规划》中就明确将其纳入地方政府财政收支审计的重要内容，要求对地方政府债务实行动态化、常态化的审计监督，揭示问题，防范风险，促进地方政府债务纳入预算管理，增强透明度，接受人大监督。2013 年以来的历次审计工作，对于摸清底数、规范管理、提升质效、防范风险更是发挥了至关重要的作用。新形势下要实现地方政府债务的科学治理，审计建设性作用的发挥无疑是重中之重。

在党和国家构建的多层次、多类型监督体系中，审计监督处于基础地位。党的二十大报告要求：健全党统一领导、全面覆盖、权威高效的监督体系。中共中央办公厅、国务院办公厅在《关于进一步加强财会监督工作的意见》中提出：增强与行政监督、司法监督、审计监督、统计监督的协同性和联动性，加强信息共享，推动建立健全长效机制，形成监督合力。在地方政府债务监管工作中，审计部门、审计人员拥有丰富的风险问题判断经验优势，掌握着各类违规举债、不实化债等的行为规律，充分运用审计这一神经末梢，精准对标党中央、国务院重大决策部署，敏锐预判辨识债务相关的不确定性和风险，揭示苗头性、倾向性问题，引导和约束政府行为，对于从根本上防范遏制各类债务问题，完善党和国家监督体系，具有十分重要的意义。《“十四五”国家审计工作发展规划》进一步提出，围绕党中央、国务院关于防范化解地方政府债务风险的部署，重点关注地方政府债务风险防控、隐性债务化解和地方政府债券资金使用绩效等情况，推动健全政府债审计法务管理制度，遏制地方政府隐性债务增量、稳妥化解存量，提高政府债券资金使用绩效。因此，要深刻揭示地方政府债务的问题，针对性提出改进建议，必须发挥研究性审计作用，从概念、目标、路径、内容等方面辨析把握地方政府性债务审计的重点、难点，并逐一加以突破，以切实提升地方政府债务监管的政策效能。

3. 地方政府性债务审计需要系统总结创新

在国家治理层面，面对地方政府性债务管理新形势，审计工作如何进一步强化党的领导、服务大局，以高质量成果对冲地方债务等各类风险；如何推进法治建设，强化依法履职，打牢审计监督基础；如何夯实组织保障，逐步形成权责明晰、运转协调的债务审计长效机制。

在审计实践层面，如何运用党的创新理论在人员配置有限、时间紧、质量要求高的条件下不断改进方式方法，提升审计监督效能；如何更好地应用“三个区分开来”，精准定位定性各类债务问题；如何科学反映政务债务的绩效与风险，平衡当下与长远；如何促进审计监督与其他监督力量贯通互补，打造新形势下审计监督和人大、财会等监督机制的一张网、一盘棋。上述这些问题，本质上都是要回答如何推动审计制度优势更好地转化为国家治理效能，审计监督需要聚焦各类问题，不断完善《审计法实施条例》《审计准则》《审计指南》《专项审计业务制度》等法规制度体系，系统总结以往经验，在实践中不断创新。

在外部监督层面，自 2023 年 1 月 1 日起施行的《财政总会计制度》（财库〔2022〕41 号），进一步健全了资产负债的核算体系，按照权责发生制、更加科学反映政府各类债务事项，要求提供政府财政承担担保责任负债情况的说明。在此之前，审计署在 2020 年实施了《政府财务报告审计办法（试行）》要求政府财务报告审计应“助力防范财政风险”，相应地，以政府财务报告为审计对象，切实发挥审计职能，充分适当的获取审计证据，对被审计单位的财务状况、运行情况的真实性、合法性、效益依法依规作出正确判断，对于促进政府财务报告的可靠性和透明度提升意义重大。新时代背景下，人民对现代国家治理能力提升的期待和要求越来越高，政府预算审计和财务报告系统审计如何进一步整合协调，以更好地统筹反映债务信息、提高监督效率，最终满足人民的需求值得深入研究。

二、相关概念界定

（一）地方政府债务

1. 地方政府债务

根据我国《政府会计准则第 8 号——负债》中的定义，政府负债是指政府会计主体过去的经济业务或者事项形成的，预期会导致经济资源流出政府会计主体的现时义务。相应地，政府债务即是政府在税收等财政收入之外举借的，依靠财政资金偿还的政府负债。我国政府负债不仅包括政府债务，还包括应付款、应付工资等既有预算支出暂未支付的部分，以及所属企业合并报表带来的部分债务。从偿还责任角度划分，我国地方政府债务分为三类，包括政府负有偿还责任的债务（一类债务）、政府负有担保责任的债务（二类债务）和政府可能承担一定救助责任的债务（三类债务）。

对于地方政府债务，按照 2014 年《预算法》第三十五条的规定："经国务院批准的省、自治区、直辖市的预算中必需的建设投资的部分资金，可以在国务院确定的限额内，通过发行地方政府债券举借债务的方式筹措……除前款规定外，地方政府及其所属部门不得以任何方式举借债务。除法律另有规定外，地方政府及其所属部门不得为任何单位和个人的债务以任何方式提供担保。"

国际公共部门会计准则委员会（The International Public Sector Accounting Standards Board，IPSASB）对政府负债的概念界定与我国基本一致，但对于或有负债，在其《会计准则第 19 号——准备金、或有负债与或有资产》（IPSAS NO. 19）中的定义为：①因过去事件而产生的潜在义务，其存在与否需要由不完全受会计实体控制的、一个或多个不确定未来事项的发生或不发生才能予以证实；②因过去事项而产生的现时义务，但因下列原因未予确认：履行该义务时，体现经济利益或服务潜力的资源不太可能流出或该义务金额无法以足够可靠的方式加以衡量。从上述规定不难看出，其所定义的地方政府负债只包括一类债务，二类、三类债务属于政府或有负债。世界审计组织（International Organization of Supreme Audit Institutions，INTOSAI）认为：负债应当包括公共机构直接承担或通过其他承诺（担保、救助）间接承担的部分，其中，公共机构包括：中央政府或联邦政府；州、省、市、地区和其他地方政府或当局；拥有和控制的公众公司和企业等，审计组织特别强调，负债应包括所有明示或潜在责任。

2. 地方政府性债务

一些观点认为，我国的地方政府性债务除包括上述地方政府债务外，还应包括地方政府需要承担连带责任的债务，如：与政府部门所属的事业单位，与同级财政部门有预算拨款关系的社会团体举借的债务，以及地方政府所属融资平台公司的债务。其中“融资平台”按照《关于加强地方政府融资平台公司管理有关问题的通知》（国发〔2010〕19号）的定义为：由地方政府及其部门和机构等通过财政拨款或注入土地、股权等资产设立，承担政府投资项目融资功能，并拥有独立法人资格的经济实体，对融资平台的债务，地方政府作为出资人，在出资范围内承担有限责任。实务中，融资平台多为由地方政府设立或控制，开展城市基础设施和公共服务项目的投资、融资、建设和运营的投资公司①（见图1－1）。

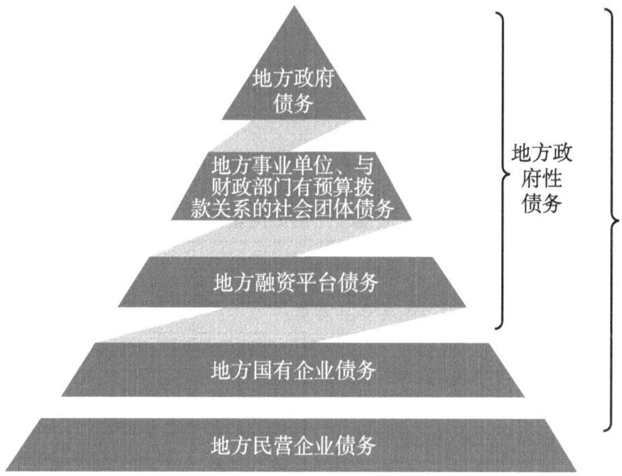

图1－1 我国地方政府债务相关概念及其构成

3. 地方公共债务

《国务院关于加强地方政府性债务管理的意见》（国发〔2014〕43号）规定，明确政府和企业责任，政府债务不得通过企业举借，企业

① 根据企业预警通的数据：截至2024年3月2日，城投债余额为16.37万亿元。

债务不得推给政府偿还，切实做到谁借谁还、风险自担。因此，国有企业债务不属于地方政府债务，但同时国有企业债务事关地方公共财政经济安全，根据 IMF 的统计，国有企业债券占整个新兴市场主权硬通货债务的三分之一[①]。另外，对在一定区域、特定行业中具有重要影响力的民营企业，其通过高负债扩大规模，风险也会传导至宏观系统，基于公共风险，地方政府往往会承担一定的救助责任，由此会引发或有负债。2022 年，财政部联合人民银行、住建部等联合设立“保交楼”专项借款，保障房地产企业合理的融资需求，对这类债务，在现时义务形成前，并不纳入地方公共债务，但需要加以监测。

4. 地方政府隐性债务

“隐性债务”这一概念最早在 2017 年 7 月 25 日的中央政治局会议上被首次提出。由于隐性债务名义负担人和实际负担人分离，没有明确列入财政报表中，形式上较为隐蔽，常游离于预算、审计、国库乃至人大监督范围之外，但对财政稳定和可持续产生重要影响，相应也成为监管难点和重点（见表 1－1）。

表 1－1　　地方政府隐性债务分类及典型表现形式

序号	表现形式	描述	判断依据
1	直接借款	政府部门向企事业单位借款。	《预算法》
2	违规担保	地方各级政府及其所属部门、机构和主要依靠财政拨款的经费补助事业单位，以财政性收入、行政事业等单位的国有资产，或其他任何直接、间接形式为平台融资行为提供的担保[②]。	《关于进一步规范地方政府举债融资行为的通知》（财预〔2017〕50 号）

① 详见 IMF Fiscal Monitor April（2020）。

② 该定义引自《关于贯彻国务院关于加强地方政府融资平台公司管理有关问题的通知相关事项的通知》（财预〔2010〕412 号），“直接、间接形式为融资平台公司提供担保”包括但不限于下列各种形式：为融资平台公司融资行为出具担保函；承诺在融资平台公司偿债出现困难时，给予流动性支持，提供临时性偿债资金；承诺当融资平台公司不能偿付债务时，承担部分偿债责任；承诺将融资平台公司的偿债资金安排纳入政府预算。

续表

序号	表现形式	描述	判断依据
3	政府和社会资本合作（包括：政府投资基金、政府购买服务、PPP）	政府部门在投资基金设置以土地收入作为担保条款，嵌套、跨界式投贷联动；将工程纳入政府购买服务事项；PPP 项目中虚假资产转让、明股实债、固定支付义务等。	《关于推进政府和社会资本合作规范发展的实施意见》（财金〔2019〕10 号）、《关于坚决制止地方以政府购买服务名义违法违规融资的通知》（财预〔2017〕87 号）、《政府投资基金暂行管理办法》（财预〔2015〕210 号）
4	建设—移交（BT）类工程项目	政府部门以“建养一体化”施工方带资、委托建设名义要求施工单位垫资，承诺保底、回购等。	《关于制止地方政府违法违规融资行为的通知》（财预〔2012〕463 号）、《国务院办公厅关于深化农村公路管理养护体制改革的意见》（国办发〔2019〕45 号）、《政府投资条例》等
5	土地储备及公益性资产抵押注入贷款	政府部门通过将储备土地、公益性资产注入融资平台、抵押等形式融资。	《关于规范土地储备和资金管理等相关问题的通知》（财综〔2016〕4 号）
6	土地“一二级联动”	政府部门违反土地招拍挂相关规定，指定二级开发中土地使用权人。	《关于规范土地储备和资金管理等相关问题的通知》（财综〔2016〕4 号）
7	利用片区开发违规融资	政府部门以招商奖励等名义固定回报或财政补贴支付片区开发建设施工方，或采用“增收支付”模式。	形成有条件负债、兜底承诺
8	定向土地资源补偿	以耕地指标、城乡建设用地增减挂钩节余指标等转让交易收入作为社会资本方收益来源。	土地指标交易收入属于财政收入，执行“收支两条线”管理

（二）地方政府性债务审计

地方政府性债务审计是国家审计机关按照国家法律法规的规定，对地方政府债务的真实性、合法性，以及举债产生的效益和风险所实施的审计监督。

地方政府性债务审计旨在揭示政府及其部门的真实债务状况，确保财政报表的真实性和透明度，并采取相应的措施来管理和降低债务的风险，确保财政健康和可持续。同时，审计结果也可以提供给债权人和其他利益相关者，增加其对政府部门的信任，为实现政府有效治理奠定基础。

开展地方政府性债务审计具有重要的现实意义，从经济周期看，在快速增长阶段，政府希望充分调动各类资源，加大投入力度以推动公共基础设施建设，提升公共服务水平。由于这一阶段社会各方均保持着良好的财政收入增长预期，地方政府更有加杠杆的融资意愿，地方政府性债务审计能够规范政府投资活动，遏制超能力、超需求过度举债行为。在经济下行阶段，当地方政府偿债能力受到影响或举债项目未达预期时，需要通过借新还旧、债务重组、动用各类资源等手段加以维系，此时，地方政府性债务审计更多关注政府融资行为，防范债务违约风险。2018 年，世界银行下设的国际开发协会与国际货币基金组织联合发布的《20 国集团说明：提高低收入和中低收入国家的公共债务记录、监测和报告能力：拟议的改革》中即强调：政府还必须拥有监督所有公共债务的权力和机构能力。特别是，应制定法律法规，授权其监督所有公共债务发行人的债务，包括国有企业（无论是否有主权担保）及其他或有负债，并应将监督职责明确授予特定机构。此外，还应辅之以适当的制度安排和政策，以控制与担保、国有企业和公私伙伴关系有关的财政风险①。从我国实际看，地方政府主导的投资②对于带动社会有效投资，促进地方经济社会发展也发挥着举足轻重的作用，因此，一些基层政府常抱有“大干快上”的心理，冲动盲目决策，向上积极争取债务资金，而上级地方政府缺少必要的干预控制，极易造成低效无效投资。我国以往开展的几次专项审计多采用地方政府性债务审计的概念，本书也采用这一概念。

---

① 详见：https：//documents. worldbank. org/en/publication/documents – reports/documentdetail/645621532695126092/improving – public – debt – recording – monitoring – and – reporting – capacity – in – low – and – lower – middle – income – countries – proposed – reforms – g20 – note.

② 目前政府投资形式主要包括：直接投资、资本金注入、给予社会一定的投资补贴等。

因此，我国地方政府性债务审计监督的目标包括三项内容，一是明确债务规模、类型、期限，严格按照《预算法》规定核实债务资金投向，推动建立健全合法规范的地方政府举债机制，硬化预算约束；二是揭示和反映债务管理的各种问题，摸清各类债务底数，明确各类政府债务融资形式下风险衍生、传导、放大的机理路径，分析财政承受能力，对各类隐性债务推动形成完善有效的整改措施，防范和化解债务风险；三是对债务资金使用的必要性、合理性、经济性以及带来的产出和效益等发表意见，为促进债务资金科学配置，改进地方债绩效管理提供参考依据。

三、主要研究思路、研究方法与技术路线

（一）研究的基本思路

本研究基于习近平新时代中国特色社会主义思想及“研究型审计”的战略要求，围绕“地方政府债务高质量审计监督机制构建”这一研究主题，强化梳理地方政府债务监管演变脉络，界定新形势下地方政府债务监管的背景及必要性、实施基础条件、目标，聚焦债务监管的内涵、范围、方式及关键举措，构建提升监管效能的长效机制。总结分析债务审计的成效和重点、难点，谋划审计监督的改革与发展路径，研究设计相关措施要点与方法。

（二）技术路线

本研究的总体框架由三部分构成，具体技术路线如下：

第一部分：地方政府债务监管新思路：国际视角与中国方案。本部分主要通过借鉴地方政府债务管理的国内外理论与方法成果、跟踪国际债务监管理论与实践进展、总结经验教训，并将其与我国地方政府债务治理改革实践和监管现实需要相结合，汲取相关经验。

第二部分：地方政府债务监管治理机制的实现路径：监督实践与体系框架。本部分主要包括以下内容：总结分析宏观债务风险形势、监督管理等，在此基础上，将《预算法》及《实施条例》要求的监管机制与合并监管目标逐一对照，分析其适应性，以此为导向从短期、中期和长期研究提出优化地方政府债务合并监管的实现路径，从发挥跨部门监管合力、深化财税体制改革等方面提出提升监管效能的长效机制。

第三部分：地方政府性债务审计：应用模式与工具方法。本部分主要从审计具体工作层面开展相应研究。主要内容分为五个方面：一是按照法定债务和隐性债务的划分总结债务审计的方法经验，整理审计实践进展，聚焦提炼债务审计中需要解决的难点问题。二是运用风险导向和研究型审计理念，设计债务监管的审计监督机制，从优化组织方式，聚焦审计重点、完善工作机制等方面，探索“3 +3 +6”的审计监督模式。三是梳理目前预算执行、专项资金、政策落实跟踪、经济责任等各类型审计中关注针对地方债内容的重点、难点，将其按对象分为事项行为审计、决算与财务报告审计和债务风险传导审计三个类别：事项行为审计主要是在微观层面，涉及地方政府、金融机构、融资平台、企事业单位等特定主体的某一举债的具体行为、融资项目或某笔专项资金开展的审计，重点聚焦依法履职、政策落实、资金项目合规性、成果效益等。决算与财务报告审计主要是在中观层面，对地方政府预算执行、财务报告、债务专项报告中债务相关信息的真实性、可靠性、有用性等发表意见。针对实践中地方偿债关键信息（如：募投项目、土地位置、收益分配等）不实或缺失等问题，通过强化审计机制倒逼地方提高相关报告的信息质量，有效打击一案两书流水式作业，债务信息质量参差不齐，夸大项目对应资产价格和预期收益，拉长收入实现年限，低估成本（项目前期成本、配套融资利息支出、运营人员工资等不计入），测算基础参数和假设条件脱离实际，指标误用，甚至数据造假等行为。债务风险传导审计主要是对某一地区地方政府债务风险构建一套风险识别与分析的审计框架，对地方债风险类别、等级进行穿透识别，对影响偿债能力的因素和事项进行评估，建立结构化风险信息库，分析债务风险发生概率、损失程度、影响后果等，以确定审计范围和重点，将有限的审计资源对标分配到高风险领域。本研究将分析其各自的审计目标、审计对象和内容、审计程序以及需要关注的重点审计问题，以期从点到面、从面到体地促进地方政府性债务审计的系统性优化。

四、主要创新点

第一，提出地方政府债务监管审计的基本价值判断，丰富地方政府性债务审计监督理论。对于地方政府债务，审计机关已积累了大量的实践经验，近年来更是跳出了传统经费审计的范畴，将对象拓展到政策、环境、民生等领域，这些宝贵经验需要凝练成为规律性认识并在债务监管中加以运用，本研究将针对政策落实跟踪审计、财政审计等审计类型，梳理行之有效、可供借鉴的做法，力争将其价值取向、概念范畴、功能定位等基本认识上升至理论层面，对“为什么审、审什么、怎么审”等基本问题的认识提供方法论支撑。在对地方性政府债务不断深入研究的过程中，分析债务管理体制机制方面存在的薄弱环节，针对重点事项和风险提出审计监督机制改进建议，为完善债务监管机制、改进预算绩效、遏制隐性债务建言献策。

第二，拓展审计监督职能，注重数据循证，探究如何充分运用绩效理念工具对冲地方债风险。2021 年 10 月修改的《中华人民共和国审计法》中第四条规定：审计工作报告应当重点报告对预算执行及其绩效的审计情况。本研究在探索以审计手段筑牢资金项目合规屏障的同时，研究在债务监管中应对各种重大风险的审计能力要求，从审计计划、组织实施、复核审理、督促整改等各环节研究提出促进“合规”与“绩效”统一导向下的审计监督思路，引导、激励和约束政府行为。借鉴联合国系统评估标准、PART 工具等，开发运用审计问题评价模型，将各类债务定性问题与绩效定量化，并合理分析影响后加以妥善处理，形成债务风险传导审计的整体流程方案。

第三，坚持系统观念，从支撑战略决策、提升监督效能的角度强化审计监督与人大监督、财会监督等其他监督的“一盘棋”顶层设计。在强化审计监督层面：从行为事项、决算与财务报告、财政风险传导三个层面，由点到面、由面到体，研究完善目标分级、指标分解、风险跟踪、结果质量分析等审计监督机制和保障条件。在发挥监督合力层面：充分考虑地方债监管的短期与中长期目标，研究跨专业，穿透式审计模式方法，有效统筹协调各类监督的具体措施，以审计监督为基础，促进各类监督的协同贯通，共建、共治、共享，提升党和国家监督体系的整体效能。

第二章

地方政府债务管理的国际经验借鉴

本章重点研究国际上关于地方政府债务监管、审计的理论与实践，分析西方国家地方政府债务监管体系、方法、运行现状等，选择具有代表性的案例进行剖析，总结地方政府债务管理的国际经验教训，提炼相应的规律和原则，研究监管机制的逻辑性，为优化审计监督机制标准方法奠定理论基础。

一、理论进展

（一）政府债务风险研究

政府债务是当今世界各国普遍面临的问题，世界经济论坛 2021 年发布的全球风险报告即通过对其 650 个成员团体的调查得出结论，在未来十年影响最大的风险排序依次是传染病、气候行动失败等环境风险、大规模武器破坏、生存危机、债务危机和 IT 基础结构故障。在 2024 年发布的报告中，针对美国的财政状况，认为其任何财政整顿或与之相关的政治对峙都会导致债务危机。这其中，地方政府的债务风险虽然隐蔽但十分重要。在中央政府和地方政府都受到经济衰退的影响下，公众对地方政府债务风险的关注要远远小于对中央政府的关注（Kickert et al.，2013），并且，这种风险由于有上级政府的缓冲而存在一定的相对滞后性，越是基层一级的政府，财政压力导致的公共服务削减越多，相关的风险水平也越高（Torres et al.，2006）。

对于债务风险水平的衡量，欧美经济体主要构建负债率、债务率、偿债率等指标对偿债难度、偿还压力、偿还程度等方面的风险加以刻画，并设置预警值（《马斯特里赫特条约》，1993；《稳定与增长公约》，1997；H. P. Brixi，1998）。此外，世界银行在公共债务监管研究开发了较为完善的评估指标，主要包括公共支出和财政责任（The Public Expenditure and Financial Accountability，PEFA）和债务绩效评价指标

（the Debt Management Performance Assessment，DeMPA）。这两种工具的共同点在于对现金余额记录、债务管理和担保方面基本相同，DeMPA 在很大程度上 PEFA 为蓝本的，后者涵盖公共财政的广泛方面，为评估和报告公共财政管理（PFM）的优缺点提供了一个框架，并使用量化指标来衡量绩效。而 DeMPA 比 PEFA 指标更详细地关注中央政府的债务管理，用于评估中央政府债务管理职能，包括贷款签约和担保、转贷、债务记录和报告等活动，由涵盖整体环境、能力建设等的 14 项具体指标构成，每项指标分值为 A（优秀）、B（良好）、C（合格）、D（较差）四个等级，具体指标见表 2 – 1。

表 2 – 1　政府债务管理绩效评估指标体系

维度	序号	一级指标	二级指标
治理及规划制定	1	法律框架	法律框架的存在、覆盖范围和内容
	2	管理架构	中央政府借款和债务相关交易的管理架构
			准备和发放中央政府贷款担保的管理架构
	3	债务管理战略	债务管理战略文件的质量
			债务管理战略的决策过程、修订和公开
	4	债务报告与评价	出版关于债务、贷款担保和债务相关业务的统计公报
			向议会或国会报告
	5	审计	中央政府财务审计、合规性审计和绩效审计的频率以及外部审计报告的公开情况
			对内部和外部审计结果整改的承诺
与宏观经济政策的协调	6	与财政政策的协调	对不同场景下中央政府偿债作出准确、及时的预测，为财政政策制定者提供支持
			提供关键的宏观变量、债务可持续性的分析情况及频次
	7	与货币政策的协调	明确货币政策操作与债务管理交易之间的分离
			定期与中央银行协调沟通有关当前和未来债务交易以及中央政府现金流的信息
			从中央银行直接获得金融资源的限制程度

续表

维度	序号	一级指标	二级指标
借款及相关融资活动	8	国内借款	利用市场机制发债的程度；为一级市场发行、二级市场交易编制年度计划；披露举债计划
			国内市场举债程序文件的可用性和质量以及与市场参与者互动的情况
	9	对外借款	对举债条款和条件（包括：贷款人或资金来源、货币、利率和期限）以及借贷计划开展有据可查的评估，以确定其是否最有利或最具成本效益
			有无成文的外部借款程序及其质量
			签订贷款合同前是否有法律顾问及其参与程度
	10	贷款担保、转贷和与债务有关的交易	批准和发放中央政府贷款担保的成文政策和程序的可用性和质量
			是否制定成文的借入资金转贷政策和程序，其质量如何
			是否有具备处理衍生工具功能的债务管理系统，是否有成文的衍生工具使用程序和其质量情况
现金流预测和资金余额管理	11	现金流预测和资金管理	预测政府银行账户资金余额总水平的有效性
			对适当现金余额的决策（流动性缓冲），以及管理政府银行账户中的现金余额（包括必要时与任何国内借债计划相结合）的有效性
债务记录和业务风险管理	12	债务管理和数据安全	处理债务相关付款的成文程序的可用性和质量
			债务和交易数据记录、验证以及存储协议相关的成文程序的可用性和质量
			是否有成文的程序用以控制对中央政府债务数据记录、管理系统以及审计线索的访问，程序的质量如何
			债务记录和管理系统备份的频率和异地安全存储情况
	13	职责分离、人员能力和业务连续性	关键岗位职责分离，具有业务风险稽核岗
			工作人员能力和人力资源管理情况
			有无业务风险管理计划，包括业务连续性和灾备系统

续表

维度	序号	一级指标	二级指标
债务记录和业务风险管理	14	债务记录	中央政府债务、贷款担保和债务相关交易记录的完整性和及时性
			对于证券形式债务，在登记系统中安全保存了所有政府证券持有人的完整和最新的债务记录

资料来源：Debt Management Performance Assessment（DeMPA）. Kingdom of Lesotho. July 2018. Worldbank。

对于与债务相关的财政风险，传统的财政分析框架主要关注直接的和显性的债务，典型的财政可持续性分析政府承认的赤字，但是忽视了对于企业信贷、社会保障支付义务、汇率担保、金融机构救助等行为引起的政府潜在支付义务等风险。Hana Polackova 在 1998—2002 年结合亚洲金融危机的实践集中研究了隐性债务和或有债务，并构建了财政风险的分析框架，她认为：或有负债形式的财政活动在各国都很普遍，部分原因是它们使政府能够在无须立即加税或借款的情况下获得公共服务或经济和金融稳定，然而，政府可能低估了其风险以及未来的财政成本，因此，造成许多政府面临严重的财政动荡，而传统的财务分析无法解决或有的财务风险。政府预算程序通常也无法有效检查监督政府或有负债。Kharas、Mishra（2001）实证研究了 50 多个国家债务增加的情况，发现其并不能由政府发布的赤字率加以解释，即存在潜在的赤字，在一些发展中国家，潜在赤字占 GDP 的平均比重超过 2%。Shick（1995）对 1985 年美国实施的 Gramm – Rudman – Hollings 法案研究发现，该法案旨在大规模削减赤字，并在 1991 年前实现预算平衡，但实际上，这一法案使得行政当局采取出售资产、在会计上早计收入晚计支出等手段操纵预算，引发了财政风险，赤字不降反升。Rubin（1997）测算，美国国会按照该法案减少了 500 亿美元的直接贷款，但同时增加了 1780 亿美元的担保，形成了巨量或有债务。对于风险管理与处置，Samuel G Hanson 等（2018）研究了存在市场失灵和税收扭曲情况下的政府投资行为，发现财政风险管理往往在政府计划需要大笔开支时实施，社会风险管理与财政风险管理经常会发生冲突，并且在不同的金融稳定计划下随政府的财政负担和经济特征而变化。一条重要的经验是设置准备金和各类基金，如：美国州政府运用税收收入、基金投资收益等设立偿债基金（资本基金），保证融资款项的指定用途，并将其作为独立的会计主体报告并接受审计，以增强债权人信心。

基于目前对债务风险理论体系的研究，债务风险的评估方法和指标体系还不够完善和科学，目前主要采用单一或综合指标，忽略了风险的多维度、多层次、多因素的特征，对不同国家和地区的差异性和特殊性的考虑还不够充分。债务风险的影响机制和传导路径还不够清楚和深入，缺乏对其与宏观经济、金融市场、社会福利等其他变量之间可能存在的双向因果关系、非线性关系和动态关系，及其对国家经济社会发展的影响等复杂问题的探讨。

（二）政府债务审计研究

政府债务的独立审计具有双重特性，即信息价值和保险价值（Watts et al.，1986；Dye，1993），政府债务审计的国际研究旨在通过提高透明度、加强风险管理、优化资金使用、强化法律框架和利用技术创新，促进政府债务的可持续管理，但目前，对于政府债务尤其是地方政府性债务审计的理论探讨相对较少，对包含政府债务在内的财务报告的审计重要性不言而喻，但难度极大，特别是当经济走向不明朗时，潜在信用风险会增加（Alexande，2014）。Baber et. al（2013）发现，地方政府的财务重述增加了市政债务融资成本，强有力的审计监督可以减轻重述的不利后果。这些研究对于指导政府审计实践、制定相关政策和提高债务管理水平具有一定价值。

二、实践探索

（一）债务管理政策

从世界各国经济发展的历史来看，政府债务是一把“双刃剑”，在跨期调配公共收入发挥其促进经济增长、弥补赤字作用的同时，也可能引发过度融资及偿债风险问题，甚至威胁政治经济稳定。因此，世界各国都较重视地方政府债务监管，形成了一些较为成熟和系统的实践，也积累了丰富的经验。同时，由于国家政治体制、不同层级间政府财政关系等存在差异，往往会采用不同的管理政策，归纳起来有以下几个方面：

对于举债形式，政府债务融资一般有金融机构贷款、发行政府债券、融资租赁等方式，贷款融资、债券融资由于采用市场竞争的形式报价，透明度高，融资成本相对较低。美国的市政债券根据其利息支付和本金偿还的来源分为四种类型：①一般债券（General Obligation），是由拥有征税权的地方政府的信用担保，以地方财政收入作为还款来源的债券，其发行需要得到选民的批准，此类债券安全性最高，收益率相对较低；②收益债券（Revenue bonds），是由特定项目建成后带来的收入（如通行费或其他使用费）作为还款来源而发行的债券。由于这些债券的风险高于一般债券，因此，在期限相似的情况下，其收益率往往较高；③短期市政债券（Short - term municipal bonds），如预付税款票据[①]、预付收入票据（RAN）、预付债券票据（BAN）；④外部或特殊债券（Exotic or Unique bonds），通常是前几类债券的变体，包括参与证书和私人活动债券。

对于举债额度，通常有一套完善的法律和规章制度来指导政府债务的发行、使用和管理。如：欧盟的《马斯特里赫特条约》，将成员国应尽量避免赤字和举债作为行动准则，强调任一机构出现债务危机，欧盟成员国都不得代为偿还，并将债务规模限定于该国 GDP 的 60%，赤字率控制在 3%。具体额度各国一般由专门机构加以确定，如：美国马里兰州设立政府开支负担委员会，该委员会有州参议院主席和州众议院议长联合任命，每年负责向立法政策委员会和州长就政府支出及新增债务水平提供咨询建议。此外，该州还设立了资本债务负担能力委员会，成员由会计、审计、预算管理局、交通等相关部门构成，委员会要在每年

① 地方政府为筹集公共项目资金而发行的一种期限为一年以内的债券，举债资金用于资本支出，债务由未来的税收偿还。

10 月 1 日向州长提交谨慎性原则下可能授权的最大债务预估值报告，作为州长在下一财年分配债券额度时的重要参考。

对于举债用途，国际上较为通用“黄金法则”，即从代际公平和债务的可持续角度，举借债务只能用于资本支出，不能用于经常性支出。

对于债券发行监管，在立法方面，美国联邦政府对市政债券的发行和交易有证券法（Securities Act of 1933）、交易法（Securities Exchange Act of 1934）、投资公司法（Investment Company Act of 1940）、国税法典（Internal Revenue Code）等，英国制定了国家债务管理法（National Debt Act 1972）、央行法案（Bank of England Act 1998）、公共财政管理法案（Public Finance Management Act 1989）、政府资源与会计法案（Government Resources and Accounts Act 2000）等要求地方举债需中央批准，债务支出遵循黄金法则、债务信息公开等。这些法规对于保障国家整体金融债务风险可控发挥了较为重要的作用。在机构设置上，美国国会于 1975 年成立了市政债券规则制定委员会（Municipal Securities Rulemaking Board，MSRB），与纽约证券交易所（NYSE）或全美证券交易商协会（NASD/FINRA）一样，受证券交易委员会（SEC）的监督，其任务是为市政证券的发行人和交易商制定统一监管规则和最佳实践，并规定每期发行的信息披露要求，防止证券行业欺诈和误导行为。此外，它还负责创建和维护一个允许证券市场自由公开交易的系统。委员会下设四个分会，负责监督该组织治理和运作的具体工作，其成就之一是制定了一套统一标准，规定了市政证券交易商应遵循的公平做法。

在融资主体方面，大多数国家都以政府为直接债务人，但澳大利亚地方政府自 20 世纪 80 年代开始了融资创新的尝试。1982 年，新南威尔士州成立了首家国库公司（NSW TCorp），为州政府提供包括保险、借贷和投资等金融服务，主业是通过地方政府担保发行公司债券形式为地方政府融资，同时吸收地方政府多余资金开展投资运营，1990 年起澳大利亚允许各州政府采取市场化的运作形式独立举债，由此各州纷纷效仿成立国库公司管理交易州政府的金融资产和负债，如：2022—2023 财年，昆士兰国库公司通过发行公司债券转贷的方式为州政府融资 134

亿澳元，该模式通过资本市场监管和公司治理机制在一定程度上遏制了地方政府的过度发债的冲动。同时，每个州政府的财政法案从举债机制、授权及职能范围、举债成本、公司运营管理、职能信息披露、处罚问责等方面作出了严格规范，融资额度由联邦政府与地方政府协议商定后报澳大利亚财政部下设的借款委员会审查批准。近年来，澳大利亚州政府的债务率总体保持较低水平，以维多利亚州为例，其过去五年债务率始终保持在20%的低位。

在风险评估与管理方面，各国要求对地方公共债务的信用风险、利率风险、汇率风险和流动性风险等开展评估，对债务进行可持续性分析，并且采取相应措施进行管理，确保债务水平与经济增长和财政收入相匹配，常用指标包括：债务依存度（Debt Dependency Ratio）、利息负担率（Debt Service Ratio）、偿债率（Debt Repayment Ratio）、财政赤字率（Fiscal Deficit Ratio）、债务结构（Debt Structure）等，在选定指标的基础上，设定开发综合的风险评估模型，以监测和管理债务风险。对于债务管理的具体策略，主要从债务结构优化、风险分散和成本控制等方面，将债务管理纳入预算管理过程，确保债务发行和偿还与政府的财政计划和预算相一致，对于无法偿还到期债务的特定地方政府（通常是市级），可以申请破产，如：美国底特律、日本夕张市，在破产清算后会启动财政重建，通过增税、压减支出、出售资产、债务减免等实现财政再平衡。

专栏2－1对南非市政债务重组的情况做了介绍。

专栏2－1　南非市政债务重组

南非国家电力公司（Eskom）在2022—2023财年的财务报告中称，受电力减载、市政债务等因素影响，Eskom累计亏损239亿兰特，远高于上一财年的119亿兰特，其中，市政机构欠Eskom的债务（包括利息）已经上升至585亿兰特，较之前增加了137亿兰特，而市政当局的偿还率持续下降至76%。但自2008年开始限电减载以来，Eskom的电价却上涨了450%，部分原因在于市政当局的定价政策，市政当局被指责通过电费附加费收入来补贴其他服务，这些债务给国家电力公司持续运营带来严重威胁。

对此，南非政府在过去两个财年内对 Eskom 的拨款平均约占 GDP 的 1%，而其政府担保的贷款安排约占 GDP 的 6%。南非财政部认为，造成市政债务螺旋式上升的原因是长期以来面临的一系列挑战，包括消费者不支付服务费用的文化、市政当局和 Eskom 公司效率低下、立法的意外后果或法律漏洞、Eskom 无法协助市政当局收取 Eskom 供应区内的物业费和服务费等。

南非财政部在中期预算政策声明（MTBPS）中指出，为化解债务危机，恢复财务可持续性，并改善能源部门的运营，南非财政部对地方政府采取债务减免，并动用税收基金对 Eskom 给予 2540 亿兰特债务减免，主要措施包括：

（1）有条件和基于申请的债务核销：Eskom 在三年内核销截至 2023 年 3 月 31 日市政当局拖欠的所有债务（包括利息和罚金）。

（2）探索新的机制来解决市政当局拖欠电费问题。其中包括与南非国家能源监管局（NERSA）和矿产资源与能源部（DMRE）合作，修改许可条件，引入吊销拖欠者许可证的程序。

（3）Eskom 公司和市政当局将实施安装智能预付费电表的制度，以改善商业和家庭用户的收款，并实现针对性信贷控制。

（4）实施地方收入增长计划：包括在定价中反映成本等。

财政部对地方政府申请债务减免设定了 33 项前置条件，包括：中止法律诉讼、终止与 2023 年 3 月 31 日欠款有关的任何现有付款安排。对所有市政当局（包括地铁）的付款期为 30 天，即 Eskom 只能从第 31 天起收取利息（上限为现行最优惠利率加 2.5%）、限制批量供应点的最高需求量等。

在国家财政部的指导下，Eskom 在严格的条件下注销市政债务、利息和罚金。同时，地方政府需要清偿经常账户以履行财政部减免的债务。想要获得债务减免资格的市政当局必须提交申请并符合相应条件（14 项），注销全部债务的期限为 36 个月，即如果市政当局连续 12 个月遵守特定条件，Eskom 可注销市政当局拖欠的债务、利息和罚金的三分之一，具体条件包括：对任何市政借贷期限不得超过3年；在未来12个月内维持经常账户付款的正常进行；推行智能电表以提高电力网络的效率；消除与其电力网络的非法连接；逐步实行反映成本的收费标准等。

国家财政部的这些化债举措意味着不需要从财政中划拨额外资金，有助于改善Eskom的资产负债表，维持市政当局的财政可持续性。

部分协会和非营利组织机构也对债务管理政策做了总结，如：政府财政官员协会（The Government Finance Officers Association，GFOA）是由美国和加拿大的公共财政官员于1906年发起成立，协会的20000多名会员是联邦、州/省和地方的财政官员，他们在各自的管辖范围内深入参与规划、融资和实施数以千计的政府运作。该组织提出，地方政府债务应关注具体的融资需求和可用方案，通过具体的操作程序来实施，为此，政府债务管理政策应包含以下内容①：

第一，债务限额。政府应考虑评估何时应发行债务的标准，并在债务政策中为各类债务设定具体的限额或可接受的范围。设定限额一般是出于法律、公共政策、财务限制和规划方面的考虑。在公共政策中可设定允许或禁止发行的债务类型，资金用途，与基本建设改进计划（CIP）的关系②，以及与经济发展相关的政策目标。

财务限制或规划考虑通常反映了公共政策或其他财务资源的限制，如由于不断变化的财务状况而减少使用特定类型的债务。适当的债务限额可对债券评级产生积极影响，特别是如果政府长期遵守这些政策。财务限额通常以信用分析师惯用的比率表示。不同类型的债务采用不同的限制形式，主要包括：①直接债务，包括一般义务债券，受法律要求的约束，可以采取以下指标来衡量或限制：人均债务，债务与个人收入的

① 详见：https：//www. gfoa. org/materials/debt – management – policy。

② 基本建设改进计划是规划社区基本建设支出的蓝图，是地方政府及其官员最重要的职责之一，基本建设改进计划由两部分组成：基本建设预算和基本建设规划，基本建设预算是下一年度的基本建设中用于有形资产或项目（一般情况下，其成本至少为10000美元，使用寿命至少为5年）的支出计划。基本建设规划是基本建设支出超过五年的资本支出计划。

比率，债务与应税财产价值的比率，以及还本付息额占基金收入或支出的百分比。②收入债务水平，通常受偿债率（如年度承诺净收入与年度偿债额的比率）、债券附加条款以及潜在的信用评级影响的限制。③指导性债务限制，即权力机关对政府举债所需的信用度做出要求，包括：最低信用评级，以及发债目的。此类限制反映了合理的公共政策，特别是在对政府的一般收入或政府自身直接债务的可销售性有或有影响的情况下。④短期债务发行应说明其具体用途和使用情况，以及借款期限或规模的限制。⑤可变利率债务应包括以下信息：由于项目期限、市场条件或债务组合结构等条件因素，使用非固定利率债务的适当性。

第二，债务结构。主要包括：最长期限（通常以周期或对应资产的使用寿命为基础）；平均期限；偿债方式（如等额还款、分期付息到期还本等）；根据市场变化和政府需求采取的可赎回条款；使用浮动或固定利率债务的时间、金额等限制；通过结构化增信，如设立偿债准备金账户、购买债券保险等；在收益债券项目建设期间利息资本化、推迟本金用于其他内部信贷支持，包括普通质押。

第三，发债管理。各类债务的举债程序，主要包括：①选择和使用专业服务提供商，包括独立市政顾问、债券顾问和信息披露顾问；②确定标准销售方式（竞争、协商、私募、银行贷款）；③在协商交易中使用比较债券定价服务或市场指数作为基准，以及评估最终债券定价结果，这通常由市政顾问完成或与市政顾问协商完成；④发行课税债券[①]的标准；⑤信用评级的使用、最低债券评级、评级数量的确定和评级服务的选择；⑥一级市场披露实践和程序。

第四，债务管理工作。主要包括：①债券收益的投资；②预算编制和偿债付款；③持续披露程序，包括债务文件要求的年度认证，以及与确保遵守任何持续披露承诺有关的认证；④纳税合规性监督，包括退税申报和套利监督，以及监督免税债券融资形成的设施不被作为私人用途；⑤行为的合法性；⑥监测未偿债务，积极偿债，并制定偿债标准计

① 市场上绝大多数债券市政债券由于其多用于公益性领域，所以是免税的，但也有市政债券用于娱乐或改善部分人群的生活质量等非基本公共服务，这部分债券需要征税。

划，以及持续维护投资者关系。

第五，衍生工具的使用。债务管理政策应明确说明实体是否可以或应该使用衍生工具。如果政策允许使用衍生工具，则应制定单独、全面的衍生工具政策。

上述成功经验，多数已在我国地方政府性债务管理实践中得到借鉴，但需要强调的是，欧美各国针对自身统一的金融监管规则和地方政府实际相对独立的财政政策间的目标常存在冲突，即各类举债规则是中央集权，但执行和政治制度是相对分权，使得统一执行的难度极大。

（二）政府债务构成及披露

对于政府债务的信息披露，各国主要通过财务报告、国民经济核算等形式呈现其内容并加以公开，二者都是投资者、债权人、评级机构等了解和评估政府债务风险的重要依据，但其对政府债务的确认计量方式存在差异，简单来说，政府财务报告是按照会计准则的规定确认和计量的，而国民经济核算账户是依据国民经济核算体系（System of National Accounts，SNA）或类似国际标准，采用统计的方法得出的。以美国为例，美国联邦政府财务报告的资产负债表（Balance Sheets）中负债包括：应付账款、联邦公债及应计利息、环保处置、应付雇员及退役军人津贴、保险和担保计划、贷款保证负债等。此外，联邦政府还编制长期财政预测表（Statements of Long - Term Fiscal Projections），该表根据联邦政府管理成本会计的准则与概念（SFFAS）第 36 号：美国政府综合长期预测编制，是在一定的经济人口统计假设下基于当前财政政策一直持续、信托基金能一直支付、债务持续上升而没有严重的经济后果等假设条件下，未来 75 年期的联邦政府预计收入和非利息支出现金流预测现值、变动情况及占 GDP 的比重，反映了一定负债下财政的长期规划，涵盖了所有联邦政府项目，提示未来支付义务的紧迫性。这些辅助内容对于理解财政风险非常重要，因而篇幅也较长，在美国 2019 财年的政府财务报告中，财务报表只占 12 页，而报表附注和补充信息占到 156 页。州和地方政府一般有特定的，被称为主计机构（Controller's Office）

的会计主体，承担会计核算和报告编制工作，GASB 不制定统一的会计科目，以基金为会计主体进行财务处理和报告，各部门并不作为会计或报告主体。GASB 发布的政府会计准则第 34 号《州和地方政府财务报表及管理层阐述与分析》提出了新的政府财务报告模式，要求州和地方政府同时编制基金财务报告和政府财务报告，政府财务报告要采用完全的权责发生制，这样，其财务报告必须同时遵守 GASB 准则以及地方政府自行制定的、更为具体的会计法规的双重要求。在审计时，审计师严格按照美国政府会计准则委员会（Government Accounting Standard Board，GASB）准则的要求对财务报告发表审计意见。资产按照用途分为财务资产和非财务资产；负债分为流动负债和长期负债，长期负债主要按照债务资金的用途划分：如果是由地方政府发行债券用于购建固定资产的则计入资本性负债；若是应付员工工资福利等则属于经营性负债。资产与负债的轧差部分即为净资产，其中有一些由贷款人或捐赠人仅限于指定用途的为限制性净资产，剩余部分则为非限定性净资产。

针对地方政府债务信息披露，GASB2018 年发布了第 88 号公告："关于债务的某些披露，包括直接借款和直接债券配售"。要求自 2018 年 6 月起，州和地方政府应在财务报告附注中披露与债务相关的额外重要信息，包括未使用的信用额度、作为债务抵押的资产、债务协议中关于重大违约事件、重大终止事件和重大主观加速条款①，以便财务报告的用户能够了解这些潜在的风险，并评估它们对政府未来财务状况的影响。

英国政府综合财务报告也称为"政府统一账户"（the Whole of Government Accounts，WGA），是以权责发生制为基础，按照年度政府财务

① 重大主观加速条款（significant subjective acceleration clauses）是指债务协议中的一种条款，它允许债权人在某些未明确定义的特定情况下，根据其主观判断加速债务的偿还。这种条款通常在债务协议中出现，特别是在直接借款或直接放置的债务工具中。这些条款通常规定，如果发生对政府信用状况产生重大不利影响的情况，债权人可以要求政府立即偿还全部或部分债务本金。这些情况可能包括政府的财务状况恶化、信用评级下降、收入大幅减少（例如：若当年的财政收入低于偿债保障额的 120%）或其他可能影响政府偿还能力的重大不利事件。由于这些条款的触发条件往往是主观判断的，而不是基于客观的量化指标，因此被称为"主观"的。这种条款的存在可能会给政府带来额外的财务风险，因为即使在没有违约的情况下，债权人也可能选择加速债务的偿还，从而迫使政府在可能没有足够流动性的情况下筹集资金。

报告手册的要求采用复式记账编制的。2006 年，英国政府宣布将从 2008—2009 财年全面采用国际财务报告准则（IFRS）公布政府综合财务报告。该报告合并了 6000 多个英国公共部门经审计的财务报表，并由国家审计署（NAO）独立审计，财务报告具体由以下部分构成：合并收入支出总表、合并净支出表、合并资产负债表及合并纳税人权益变动表、合并现金流量表及财务报表附注。政府统一账户对于提升英国政府公共财政管理及决策水平以及议会履行监督审查职责发挥了关键作用，其与国家统计局发布的国民经济统计、预算责任管理局发布的经济表现与公共财政预测一起成为保证财政长期可持续的工具体系，这其中，政府综合财务报告侧重于通过评估政府资产和负债的组合以管理长期风险，提高资源的分配效率，其他工具则关注政府支出、现金需求、单项的资产或负债。

与综合财务报告不同，国民经济核算账户的公共债务净额包括除应付款以外的大部分金融负债和流动金融资产，这其中的金融负债又包括：金边债券、国库券和国民储蓄负债，流动资产主要包含外汇储备和银行存款。根据马斯特里赫特条约，非流动资产和营运资本中的其他资产（如应收账款）不属于债务工具，也不包括在公共部门债务净额中。对应的，政府统一账户负债净额是资产负债表中应收、应付款、固定资产和所有金融资产各项目的净合计，二者的主要差异项目见表 2－2。

表 2－2　WGA 债务净额与国民经济核算账户的公共债务净额主要差异项目

序号	类型	项目	解释	政府综合财务报告	国民经济核算账户
1	负债类项目	公共部门养老金负债净额	因过去和现在提供服务的公务员产生的未来养老金负债。	包含	只确认现金收支。
2		准备金	由过去发生的事项或交易形成的、将在未来发生的、能够可靠计量的法律或推定义务产生的负债。	包含	不记录准备金、预计负债等的产生和变动。大部分准备金被视为预计负债，只有实际发生时财务会被计入。

续表

序号	类型	项目	解释	政府综合财务报告	国民经济核算账户
3	负债类项目	社会资本融资合同（PFI）	私人资本为公共部门提供基础设施建设和服务，政府履约合同计入负债，相关联资产计入不动产、场厂和设备。	需判断资产和融资租赁负债的具体实体。按照国际财务报告准则对合同控制权余额的判断决定是否确认 PFI 合同。运用 IFRIC12 表明私营部门对基础设施没有控制权，则需在政府统一账户中确认。	通过合同产生的风险和报酬的余额确定是否确认。如果风险和报酬在私人部门没有转移，则该合同不归属于公共部门债务净额。这一原则与英国公认会计原则（GAAP）基本一致。因此，大多数 PFI 合同被划分至私营部门。
		国债未摊销溢价和折价	—	对折价和溢价进行摊销。	包含以赎回价计量的国债。
4	资产类项目	应收款项；投资；不动产、场厂和设备；无形资产；其他非流动金融资产	—	计入负债净额。	以收付实现制为基础，仅核算金融负债和流动资产，其他不计入。
5		固定资产	—	按照国际会计准则确认并计提折旧。	属于非金融资产增加被视为资本性支出，不计入公共部门债务净额。使用永续盘存法（PIM）计算净资产和资本性损耗（折旧）净额。

政府综合财务报告的发布和管理纳入英国财政部的全面风险管理框架，鉴于基础报表的风险可能对 WGA 的合并和编制产生重大影响，因此，需要识别和披露基础报表的主要风险，包括：基础报表中差错导致的余额重大错报；未能提供回报数据或提交延误；内部交易事项和余额未合理抵消导致报表的重大错报。为了有效管控 WGA 合并和编制过程中

的风险，英国财政部设计了报表编制风险控制措施，并监控其严格完整的执行。

此外，编制政府统一账户还设置有咨询组，其成员来自公共部门、咨询机构等，专门提供对影响编制、列报及报表使用的关键问题的建议，为报表质量的持续提升提供支持。

财政部负责为中央政府制定财务报告框架，并与其他相关机构协同工作制定相关会计准则，监督各部门支出等。

政府统一账户由收入支出表、综合支出表、资产负债表、纳税人权益变动表、现金流量表构成（见图2－1）。

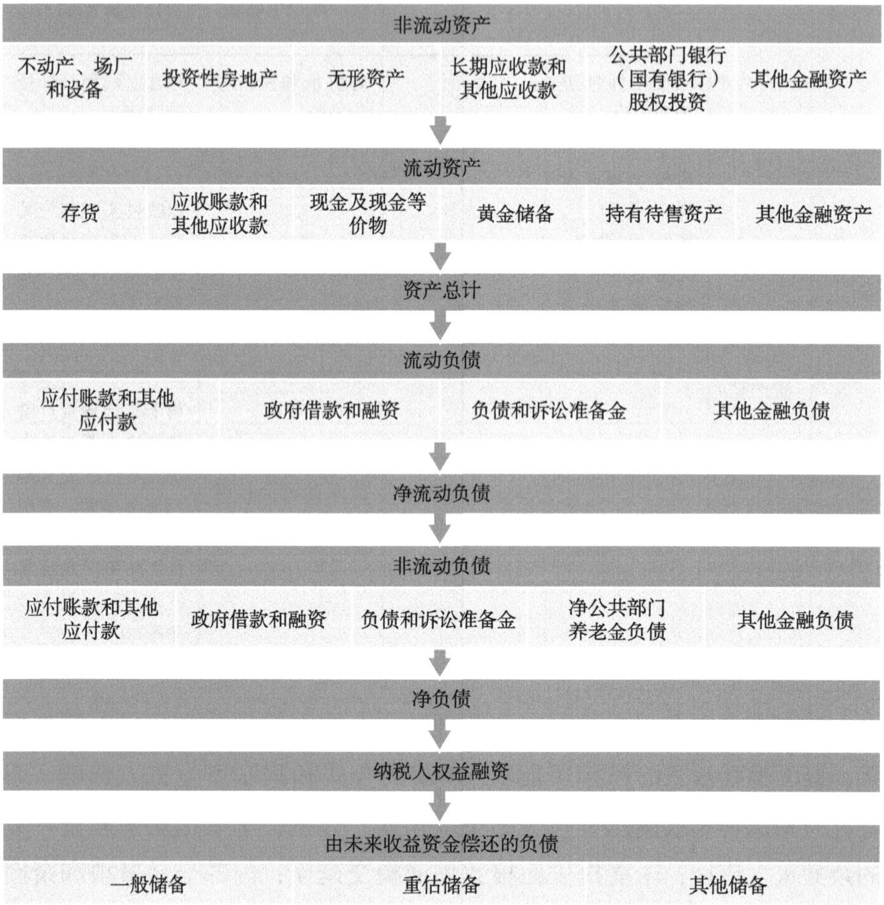

图2－1　资产负债表结构

法国公共部门包括两大类：中央政府、地方政府和社会保障基金等其他公共部门，政府早在2001年便成立了公共会计标准协会（CNoCP），按照2001年8月1日组织法（LOLF）要求实施以结果和绩效为导向的新公共预算会计体系，该体系由预算会计、通用会计和成本会计构成，共同对政府财务报告信息透明度、有效性等发挥作用。组织法第47－2条规定：政府财务报表应是合法的和真实的。必须真实反映其管理、资产和财务状况情况。

政府财务报表由净资产（权益）表（见表2－3）、盈余赤字表及报表附注构成，其中，盈余赤字表由净支出报表，主权收入表和盈余/赤字净额表三部分构成。各类要素较为特殊的地方在于：对于所有者权益，不像企业有所有者投入的概念，所以采用了资产与负债轧差的计量方式。

表2－3　　净资产（权益）

	本年度			上年度
	总额	折旧和减值	净额	净额
固定资产				
无形资产				
有形资产				
金融资产				
固定资产合计				
流动资产（不含现金）				
存货				
应收账款				
应收纳税				
应收服务费				
其他应收款				
预付账款				
流动资产合计（不含现金）				
现金及等价物				
银行结余和库存现金				
在途资金				
短期投资				
其他现金项目				
现金合计				

续表

	本年度			上年度
	总额	折旧和减值	净额	净额
资产总计（1）				
金融负债				
政府债券				
非流通债券				
金融负债和其他借款				
金融负债合计				
非金融负债（不含现金）[①]				
经营债务				
干预债务				
预付款收入				
其他非金融债务				
非金融负债（不含现金）合计				
风险和责任准备金				
风险准备金				
负债准备金				
风险和责任准备金合计				
其他负债（不含现金）				
现金负债				
库务员和授权人				
其他				
递延收益				
总负债（不含净资产/权益）（2）				
结转累计盈余/赤字				
重估和合并差异				
该期间的经营盈余/赤字				
净资产/权益（3）=（1）-（2）				

在编制财务报告时，地方当局必须考虑到由 CIPFA 颁布的《地方当局会计实务法定守则》以私营部门的会计标准为基础，但同时可以根据2003年《资本财务与会计条例》引入私营部门的会计处理对上述

① 经营债务，例如贸易应付款项及相关项目；干预债务，例如与中央政府转移支付有关的债务；其他非金融债务，例如固定资产债务，中央政府的税收收取的税款（如企业所得税）。

守则予以适当调整。地方当局的账目内容相对较多，郡级行政区财务报告通常超过 50 页，上级政府通常超过 80 页。与中央政府和私营部门的账目相比，地方当局的主要报表更多（见表 2 –4）。地方当局的账目缺乏透明度和可理解性，这对公共问责制提出严峻挑战。基于此，一些专家主张重新按照 2010 年以前的收付实现制基础编制地方政府财务报告，该举措可以简化目前的报表体系，减少编报工作量，也便于与年度预算对账，但由于近年来，通过将通过合同外包给私营部门不断推动公共服务市场化，建立企业区、提供商业支持服务、投资创新项目等方式，这些事项在收付实现制下可能会导致地方当局过度举债形成潜在的财务风险。

表 2 –4　　英国地方政府会计报表体系

序号	报告	目标
1	综合收支报告（Comprehensive Income and Expenditure Statement, CIES）	按权责发生制对地方产生和消耗的资源进行汇总。显示按服务领域划分的总支出、净支出及其他收支。
2	储备金变动表 *（Movement in Reserves Statement，MIRS）	说明资产负债表中的储备金变动与综合收支表中赤字的勾稽关系，以及在不同地方税下需要动用一般基金的情况。
3	资产负债表	反映地方年末财务状况。
4	支出和资金分析 *（Expenditure and Funding Analysis，EFA）	概述地方财政年度支出，以及资金收付实现制与会计权责发生制基础之间的差异，以便与综合收支报告保持一致。
5	现金流量表	汇总年度内收入和资本交易的现金流入和流出情况。
6	收款基金账户 – 账单管理机构 *	代理声明，反映了开票机构依法开立显示地方税和全国非住宅税（NNDR）的征缴及分配的账户变动情况。
7	住房收入账户 *（Housing Revenue Account，HRA） – 拥有社会住房的地方政府	地方政府不得从一般税收中交叉补贴社会住房，反之亦然。HRA 显示了社会住房支出的主要部分以及如何支付这些费用。

资料来源：Tony Redmond. 2020. Independent Review into the Oversight of Local Audit and the Transparency of Local Authority Financial Reporting，* 表示地方政府特有的报表。

尽管地方当局必须编制年度报告，但在披露内容和形式上不做强制性要求。2015 年，CIPFA 发起了“叙事”倡议，鼓励地方当局创新年度报告以更加准确地反映财务和服务绩效。在这一倡议推出后，一些地方政府编制了创新且内容翔实的年度报告，相对于中央政府的《中央政府财务报告手册》（FReM）规定中央政府机构报告包括绩效报告和责任报告，二者均以《公司法》（Companies Act）规定为基础，并结合政府部门的特点作了修订，当中载有规定披露的资料。

（三）政府债务审计

在欧美发达经济体中，地方政府债务的审计是一个严格和标准化的过程，旨在提高政府的财政责任和债务管理的可持续性。主要包括以下几个方面：

一是机构与职责设置、审计过程都遵循国家法律、法规以及国际审计标准。如：英国财政部下设审计委员会，负责监督与政府统一账户相关的内部审计报告和风险管理活动，并审查部门内部控制措施、提供独立建议；外部由审计署独立向议会报告审计结果。审计署有权获取编制过程中的所有工作底稿并参加财政部审计委员会及政府统一账户的咨询工作。美国 1921 年颁布的《预算与会计法案》规定设立美国审计总署，并授权其依据国会的命令调查联邦政府资金的使用情况。之后 1970 年的《立法重组法》和 1980 年的《总审计局法》，进一步明确，总审计长应调查与公共资金的接收、支付和使用有关的所有事项，包括公共债务（债务交易、活动、文件以及与债务有关的信息）。美国多数州都设有审计机构，负责监督地方政府的财务状况，以明尼苏达州为例，立法审计局每年进行一次全州审计，主要目的是对明尼苏达州管理和预算局编制的州年度综合财务报告中的财务报表发表审计意见并向州长、立法机构和州机构负责人提供有关州及其机构的财务会计相关问题，此外，该机构还会组织每年开展约 100 次财务报告和合规性审计，范围覆盖 3300 多个地方机构。参见专栏 2－2。

专栏 2－2　明尼苏达州审计编制的基础设施压力地图

该州有大量老化的基础设施，如果没有适当的规划，在未来几十年内维护、修复和更换这些基础设施将是一项挑战。许多社区没有足够大的人口基数以分摊大型基本建设项目的成本。2004 年，立法机构赋予州审计长办公室对明尼苏达州地方政府服务进行“最佳做法审查”的职责，审查地方政府提供公共服务的程序和做法，确定成本和效益的差异，并确定有助于节省资金或提供更有效服务的先进做法。2017 年 7 月，州审计长和合作团队共同绘制了一系列交互式地图，首次将民用基础设施的数据可视化，目的是为各级政府的决策过程提供更好的信息，以改善民用基础设施需求的长期财务规划。比如在财务方面，提供年度污水处理基金成本回收率、偿债覆盖率、净收入为正的年份数等信息，社会公众可以查阅自动生成的综合报告，对这些实体进行比较分析，并使用各种筛选条件进行全州或区域的针对性分析。

资料来源：https：//www. osa. state. mn. us/reports－data－analysis/data/infrastructure－stress－transparency－tool/infrastructure－stress－transparency－tool/。

二是审计类型，多以财务报告审计为主，也包括对特定举债行为事项的审计。如：美国按照《政府管理改革法》规定，自 2007 财年起，美国审计总署每年对财政局的联邦债务附表进行审计，以确定在所有重大方面，①这些附表是否公允列报，②财政局管理层是否对与联邦债务附表相关的财务报告进行了有效的内部控制，但联邦政府层面从未得到过标准无保留的审计意见。除了国防部等机构拒绝提供相关数据影响报表可靠性以外，还有一个较重要的原因就是政府支持企业（如金融危机期间的“两房”）这类主体相应的债务、支出等是否要纳入合并范围存在争议。同时，美政府问责局（GAO）还对联邦政府财政进行模拟，预测随着 GDP 增长政府债务的变化情况，这些信息对提示财政风险加强政府资源监管非常重要。

澳大利亚地方（council）政府治理目标是维护市辖区的和平、秩序和善政，还为社区提供一系列服务，包括维护当地道路、管理垃圾、提供家庭服务以及运营水产和图书馆设施。澳大利亚州审计长办公室每年都会对地方政府部门的财务和绩效报告进行审计，旨在识别和评估财务报告中的重大错报风险（无论是由于欺诈还是错误），针对这些风险设计和执行审计程序，并获取充分、适当的审计证据，为发表审计意见提供依据；了解与审计有关的内部控制，以便根据情况设计适当的审计程序。评价所采用的会计政策是否适当，会计估计和相关披露是否合理，就采用持续运营会计制是否适当得出结论；评价财务报告（包括披露内容）的总体列报方式、结构和内容，以及财务报告对重大交易和事件是否公允列报。对绩效报告的审计主要是对所报告的实际结果是否公允列报并符合地方政府绩效报告框架（LGPRF）发表意见，并不对所报告的绩效指标的相关性或适当性发表意见。

英国国家审计署按照《2000 年政府资源与会计法案》的规定，对政府综合财务报告实施鉴证，即通过获取充分适当的审计证据来对政府综合财务报告不存在重大错报提供合理保证。审计署以年度支出的一定比例（如 1%）作为重要性水平。在 2016 年出具的审计结论中，审计署对报告合并范围提出意见，审计署认为：财政部在确定合并范围时采用国家统计局的公共机构分类标准，而未采用会计上的“控制”概念，对此，财政部在 2013—2014 财年首次将英国铁路网络公司纳入合并范围，类似的，截至报告日，政府持有苏格兰皇家银行 62% 投票股权，但仅作为权益入账，仍未将其纳入合并范围。此外，会计政策不一致也使得审计署提出保留意见，如：地方权力机关对基础设施采用历史成本法计量，而中央政府采用重置成本法，二者的差异对公共基础设施价值影响巨大。

英国于 2014 年制定了《地方审计与问责法案》（The Local Audit and Accountability Act 2014），为地方政府引入了新的审计制度，以取代之前由审计委员会履行该职责的安排，该法案要求主计长兼审计长（C&AG）制定审计实务守则，规定了地方审计师履行职责的方式。地方当局的审计员提供财务报告审计及物有所值审计。财务审计必须按照

《国际审计准则（ISAs)》（英国）开展，审计员须证明财务报表是否无重大错报，是否按照相关会计和法律框架妥善编制。审计师需要获得关于财务报表整体没有重大错报的合理保证，通常通过统计程序设计审计测试，以95%的置信度确保财务报表没有重大错报。

提供高质量审计的关键因素是了解报告使用者的需求，并在对业务有正确认识的基础上进行有效的风险评估。地方政府审计目标旨在为以下事项提供合理保证：①政府财务报告的真实、公允；②编制政府财务报告符合相关法律法规的要求；③地方政府已作出适当安排以确保节约、高效和有效地使用资源；④纳税人提供的资金被用于实现议会预期目标；⑤纳税人提供的资金在议会授权下使用；⑥确信政府的财务交易符合授权规定。

除了对地方政府财务报告实施审计，英国于2015年4月发布《国家审计局法定审计实务守则》(the NAO's Statutory Code of Audit Practice)①，开始实施物有所值审计。此类审计是由审计师开展，旨在考察地方政府有效运用资源的机制举措是否足够且适当，以确保其资源使用的经济性、效率性和效果性，针对地方政府短期和中期财政承受能力发表意见。

英国特许公共财政与会计协会（Chartered Institute of Public Finance and Accountancy，CIPFA）在2017年发布的《建设财务恢复能力》中提出了健全财务管理的“四个支柱”和反映财务压力的五个指标，四个支柱包括：做好日常财务管理；将单位成本、服务区域的超收或未达预期，以及超支情况与近邻对比；制定明确的节支计划；在中期财务规划范围内管理储备金。五个指标具体包括：储备金减少、未能实现减支目标、缩短中期财务规划期限、与增加储蓄计划的差距、服务提供部门计划外超支增加。CIPFA确定的财务恢复能力支柱主要在于程序和治理方面，可由审计师在物有所值审计中对应发表意见，财务压力指标也可纳入整个部门的财务管理审计框架。

国际审计标准（UK）不适用于价值审计。《法定审计实务守则》要求审计师形成对支持审计意见所需工作性质和数量的判断。

---

① https：//www. nao. org. uk/code - audit - practice/wp - content/uploads/sites/29/2015/03/Final - Code - of - Audit - Practice. pdf

2020年政府会计委员会发布了《地方审计实务守则》，要求提供以下几个方面的意见：一是财务可持续性：机构如何规划和管理其资源，以确保能够继续提供服务；二是治理：机构如何确保做出明智的决定并妥善管理风险；三是提高经济性、效率和效益：机构如何利用有关其成本和绩效的信息来改进其管理和提供服务的方式。特别是在审计中如果审计员正在评估一个重大问题，并认为需要尽快提请民选代表和公众注意，则有权发布《公众利益报告》（PIR）。参见专栏2-3。

专栏2-3　英国地方政府债务与审计

近年来，英国地方政府的财务状况普遍不佳，伯明翰、诺丁汉等城市相继宣告破产，从2015年开始，地方政府财务审计完全由会计师事务所承担后，市场竞争费用下降的压力阻碍了新的加入者和投资。据公共会计委员会统计，具备签字资质的审计师不足100人，且多数年龄在50岁以上，根据Tony Redmond在《对地方当局外部审计的有效性和财务报告的透明度进行的独立审查》[①]中的调查，非流动资产和负债的估值是最常见的重大审计风险。91%的受访者认为外部审计应将财务恢复能力应作为物有所值审计意见的一部分，在中长期内予以考虑。但目前，财务审计和物有所值审计都不涉及此项内容，为此，审计师需关注以下几点：①审计师是否仔细检查了资产负债表，以了解当局的债务状况以及可用储备金的水平和损耗；②当局使用哪些标准来确定其面临的财务风险水平；③当年度预算由全会或同等机构批准时，首席财务官应就财务估算的合理性和储备金的充足性提供意见，审计师应当确认该报告的合理性；④审计师应评估中期财务战略所依据的假设是否稳健、符合实际；⑤地方当局还必须编制对未来几年的财务可持续性和可用资源相关情况的法定报告。这些报告包括设定审慎借款限额、计算适当的债务偿还准备金（最低收入准备金）、编制投资战略，以及可能编制灵活使用资本收益战略。审计

---

① https：//www. gov. uk/government/publications/local – authority – financial – reporting – and – external – audit – independent – review.

师应对估算合理性发表意见。

此外，地方当局的账目非常复杂，外聘审计师提供的保证与公众的期望之间存在很大的差异，审计委员会成员专业能力也相对不足，尽管许多地方政府为审计委员会成员提供培训，但无法评估这种培训的全面性或有效性。尤其是地方政府对企业投资或贷款达到控制标准才要求并表，否则仅作为表外事项披露，无法在财务报告层面充分反映相关风险，一些地方政府与其全资公司之间的部分交易事项会以商业机密为由不予披露。

2015 年以来最重要的部门趋势之一是地方政府商业化程度的提高。简而言之，地方当局的商业化主要分为两类：通过共同基金对商业地产进行投资，以及成立独资公司，如：住房公司、能源公司、招聘机构等。

国家审计局最近就“地方当局对商业地产的投资”所做的一项专项研究强调了商业化对地方当局财务复原力构成的风险：长期看，商业地产的收入是不确定的，地方政府可能会承担高额的债务成本，或者会严重依赖商业地产收入来支持自身运营。过度参与商业活动可能会产生通胀或挤出私营部门的投资。

英国财务报告委员会对地方当局审计档案进行的质量保证审查结果发现，地方当局审计档案的质量略低于对企业的审计档案。所有市场上的审计公司都希望通过在数字技术和创新方面的大量投资来提高效率，从而为审计团队提供适当的工具来开展数字审计。然而，许多地方当局的信息技术系统并不适合开展数字化审计进而影响审计效率。

英国审计署在对政府综合财务报告（WGA）审计、物有所值审计的理念和方法对我国开展地方政府性债务审计具有一定的借鉴意义，特别是类似公共企业的并表，评估商业投资或准公益投资建设活动对财政能力的影响等值得关注。

三是审计重点多聚焦风险和偿债能力。如：日本从 2014 年起，对地方政府不仅通过评估财务业绩的变化、与同类比较等分析判断风险，而且将审计检查重点由报表中债务项目的恶化趋势转移到偿债能力（债务余额和现金流）上，并通过确认基于未来设施维护和更新成本的收支计划，评估中长期债务偿还能力、管理问题和未来风险①。参见专栏2－4。

专栏2－4　日本地方公营企业债审计

日本地方公营企业债审计，需审计的事项主要包括以下内容：

1. 与贷款资金的使用和会计核算有关的事项。主要是：①确认记录未包含在发行债券范围内的项目开支；②通过财务报表和决算表等确认项目成本，并与贷款申请表核对，如果与申请贷款时申报的业务费用相比有所减少，则应核对减少的原因及对贷款额度的影响；③如发现项目全部或部分未实施，或部分项目费用未支付，应检查其原因并分析对符合贷款条件的项目费用的影响；④通过财务报表和决算表等确认可扣除资金等的金额，并与借款申请表进行核对，如果金额高于申请贷款时申报的金额，需核对增加的原因及对贷款额度的影响；⑤贷款是否在竣工前发放，利用竣工验收报告核对竣工日期，并利用结转报表确认结转手续是否妥当；⑥发现应予贷款的项目费用发生变化，则应检查最高贷款额。

2. 与项目成果有关的事项：①形成对应资产的管理和运营情况；②行政评估的执行情况。

3. 贷款资金还本付息等财务事项：①赎回贷款资金及其他事项；②公有企业的管理情况。其中：对公有企业的管理问题和风险，主要检查：①管理环境背景（如项目投入使用时间、管理规模、项目政策性质、区域特点、建设投资情况、未偿还企业债券变化情况等）；②收支结构（收入情况、支出情况、转入其他账户明细及转入政策）；③损益趋势；④用于偿债的收入取得情况；⑤应对管理环境变化和改善管理的努力情况等。评估偿债能力，主要按照独立盈利原则，

---

① 详见大藏省金融服务局，https：//www. mof. go. jp/policy/filp/plan/filp_ audit/jichikansasisin. pdf。

用非合并企业目前实际债务余额和其年度可用于偿付的现金计算预期偿还周期。

澳大利亚针对财务的审计设置了相应的指标对地方政府及其部门的运营、偿债、再投资等开展评估，以反映财政稳定性（见表2-5）。同时评估内部控制（包括人员、系统和流程）是否足以编制可靠的财务和绩效报告，并根据《澳大利亚审计标准》的要求向实体的管理层及其审计委员会报告重大问题。

表2-5　　澳大利亚地方政府财政稳定性指标①

序号	指标名称	公式	描述	风险阈值		
				高	中	低
1	盈余率（Net result margin）	盈余/总收入	正数表示盈余，百分比越大，结果越明显。负值表示赤字。运营赤字不可能长期存在。	低于-10%，收入不足以为运营和资产更新提供资金。	-10%—0，存在盈余储备长期缩水和无法为资产更新提供资金的风险。	高于0，持续产生盈余。
2	调整后基本业绩（Adjusted underlying result）	调整后基本盈余（或赤字）/调整后基本收入	衡量实体在正常运营过程中产生结余的能力，不包括非经常性资本赠款、非货币资产捐款和其他捐款，以从其净结余中为资本支出提供资金。盈余或盈余增加表明经营状况有所改善。	低于0，产生的盈余不足以为运营提供资金。	0—5%，产生盈余，为运营提供资金。	超过5%，为运营提供相对充裕的资金。

① https：//www. audit. vic. gov. au/report/results-2020-21-audits-local-government? section=34025-appendix-c-audit-context#34025-appendix-c-audit-context

续表

序号	指标名称	公式	描述	风险阈值		
				高	中	低
3	流动比率(Liquidity ratio)	流动资产/流动负债	衡量实体在未来12个月内偿还现有负债的能力。比率达到或超过1意味着一个实体的现金和流动资产多于短期负债。	低于0.75，流动资产不足以偿还债务，可持续性存在问题。	0.75—1.0，需要谨慎处理现金流，履行到期债务时可能会出现问题。	超过1.0，代表有能力偿还到期的短期债务。
4	内源融资率(Internal financing)	运营现金净额/资本支出净额	衡量实体利用所产生的现金流为基本建设工程提供资金的能力。百分比越高，说明利用自有资金为资本工程提供资金的能力越强。	低于75%，运营产生的现金有限，无法为资产更新提供资金。	75%—100%，可能无法从运营中产生足够的现金来为新资产提供资金。	超过100%，从运营中产生足够的现金，为新资产提供资金。
5	债务率(Indebtedness)	非流动负债/自有收入	该比率评估实体用其产生的资金偿还到期借款本息的能力。该比率越低，实体需要用来偿还债务总额的收入就越少。使用的是扣除捐赠之后的自筹收入，而不是总收入。	超过60%，对实体利用自身收入偿还债务的潜在能力长期堪忧。	40%—60%，对利用自有收入偿还的债务能力不容乐观。	40%或以下，具备用自有收入偿还债务的能力。

续表

序号	指标名称	公式	描述	风险阈值		
				高	中	低
6	资本替代比率（Capital replacement ratio）	新增基础设施、不动产、厂房和设备的现金流出量/折旧	将新基础设施（如地方道路和排水管网）、不动产、厂房和设备的支出率与折旧率进行比较。高于1∶1的比率表明支出快于折旧率，该指标属于长期指标，如果运营资金不足，借贷又不可行，资本支出可以在短期内推迟。	小于1，基本建设支出速度低于资产消耗的速度。	1.0—1.5，表明资产更新支出可能不足。	超过1.5，资产更新支出不足的风险较低。
7	更新改造缺口（Renewal gap ratio）	更新改造支出/折旧	更新、修复现有资产的支出率与折旧率进行比较。比率高于1.0表示现有资产的支出快于折旧率。	小于0.5，现有资产的支出低于资产的消费。	0.5—1.0，表明用于更新现有资产的支出可能不足。	超过1.0，资产基础支出不足的风险较低。

专栏2－5介绍了法国审计法院对地方政府债务的审计情况。

专栏2－5　法国审计法院对地方政府债务的审计

作为独立的国家机构，法国审计法院根据《法国财政管辖法》第L.132－8条的规定每年都会就地方当局及其公共机构的财务状况和管理情况编制审计报告，也会针对特定问题出具专项报告。地方审计局负责对地方政府及其下属机构和其他团体的债务审计具体工作。审计工作除遵循独立性原则外，要求审计或调查的所有结果和评估，以及提出的意见和建议都具有系统性。为保证审计质量，审计法院规定审计结论应当提交给有关行政部门或机构的负责人，并酌情听取有关官员的意见并修订后方可定稿。所有审计和调查工作均由一名或多名报告员负责，他们的调查报告以及随后的意见和建议草案（包括临时和最终意见和建议）均须通过至少三名法官（其中一名为主席）的集体审议，同时有专人对报告进行审核，确保审计质量。

在2011年的地方债务专题报告中，审计揭示的首要问题便是债务数据的完整性，报告提出：由于一些地方债务被“外包”给了地方半公共公司（SEMLs）或地方公共公司（SPLs），它们代表地方当局运作签订租赁、资产购置等合同，地方政府没有对这些承诺的潜在风险进行适当的评估，所有这些债务也都未纳入地方债务的统计数字中，地方当局的账目中没有任何关于债务担保的信息。其他问题还包括：没有制定中长期债务战略、举债过度依赖金融机构的建议等。

资料来源：https：//www. osa. state. mn. us/reports - data - analysis/data/infrastructure - stress - transparency - tool/infrastructure - stress - transparency - tool/。

世界审计组织（INTOSAI）等专业机构开发了多种债务审计方法和技术，包括数据分析、风险评估和绩效评价，以提高审计质量和效率。特别是2019年12月，世界审计组织下属的财务和预算问题工作组（FIPP）完成了《公共债务审计指南》（GUID 5250）[①] 的最终版本。2020年11月，INTOSAI正式对外发布，该文件成为第9项公共债务审计的国际标准[②]。作为最高审计机关国际组织公共债务工作组（WG-PD）的一个优先项目，GUID 5250合并了以前的《最高审计机关国际准则》（ISSAI）中的公共债务条款，并与《最高审计机关国际准则》

① 本小节主要内容引自GUID（5250）。

② 其他8项包括：公共债务内部控制审计计划与执行（ISSAI 5410）；债务指标（ISSAI 5411）；公共债务管理和财政脆弱性：审计机关的潜在作用（ISSAI 5420）；关于公共债务定义和披露的指导意见（ISSAI 5421）；公共债务绩效审计的职责范围（ISSAI 5422）；财政风险：对债务管理和对审计机关的影响作用（ISSAI 5430）；实施公共债务审计的指南——在财务审计中使用实质性测试（ISSAI 5440）；公共债务管理信息系统审计指南（ISSAI 5450）。

第 100 号“公共部门审计基本原则 ”保持一致。该组织建议将其应用于财务审计、绩效审计和合规审计，以促进审计报告的准确性、完整性和可靠性，从而提高审计工作的整体质量。该指南的主要内容包括以下几个方面：

第一，明确审计机关在政府债务审计中的主要职责包括：①审计已披露的债务信息，独立分析公共债务对经济和财政的影响，增进公众对公共承诺和财政可持续性的理解，推动对债务界定和信息披露予以改进；②促进稳健的公共债务战略和健全的风险管理措施，保障财政当局能够了解经济冲击对政府财务状况和负债的影响，支持政府高度重视风险管理、高质量财务信息的编制和发布，通过合规审计检查公共债务交易的合规性；③推动数据披露，形成最佳实践，支持政府公布有关外债规模、结构（期限、久期、固定浮动比率和货币构成）等指标，并详细报告储备资产（包括流动性水平和外汇头寸）和资本流动情况，改进对风险评估技术、风险缓解方法和风险管理方法的理解和使用；④促使国家金融监管机构谨慎分析现行监管框架政策，并对合规评估报告作出积极反应。

第二，明确审计类型。与公共债务相关的审计主要包括三类：①财务审计（Financial Audit），对单个财务报表或财务报表的特定要素、账户或项目的审计，以促进完善公共债务战略和风险管理，推动对报告和数据披露政策的改进；②绩效审计（Performance Audit），独立对政府债务实施定量和定性分析，重点关注绩数据报告和管理活动以分析借款人、贷款人、主权债务管理人等关联方是否按照经济、效率、效益原则履行职责，是否有改进空间，增进各方对当前和未来公共承诺和财政可持续性的理解，鼓励政府更加注重脆弱性监测和风险管理，提出有助于降低借贷风险和成本，节省政府资金的改进建议；③合规审计（Compliance Audit），侧重于获取证据以评估公共信贷金交易活动、程序和信息在所有重要方面是否符合法规的要求，目的在于为立法、监督治理机构以及公众提供对政府债务管理的独立和客观评估，推动建立必要的治理、审计、报告和问责流程。合规审计常与政府财务报告审计同步进行，因为报表负债项目数据的异常，往往需要审查相关协议条款的合法性（见表2-6）。

第三，为获得充分适当的审计证据，审计程序主要包括：①询问债务主管和工作人员以明确其是否了解自身职责并严格执行相关规定；②检查债务活动中的关键档案记录，以评估相关流程是否得到有效执行；③对政府财务报告中的债务信息、议会听证会上的债务数据以及对外发布的报告中债务统计数据进行比较分析；④重新计算以确定债务信息否准确；⑤清点获取的特定时间的债务文件和记录；⑥开展调查和统计分析。

表2-6　公共债务财务报告审计、绩效审计与合规审计的比较

	财务审计	绩效审计	合规审计
审计目标	确定财务报告、报表或项目在所有重大方面是否公允列报。	确定债务管理的效果、经济性和效率。	执行相关法律、法规和协议等正式标准的规范性，遵守健全的财务管理和公职人员行为一般原则的适当性。
审计范围	合并财务报表是否在所有重大方面公允列报，财政机构管理层对债务事项是否建立了有效的内部控制，是否符合债务适用法律、法规、合同和赠款协议的规定。	包括政府内外部债务，主要评估政府是否有明确具体的法律、规划和组织制度管理公共债务，以便将所涉及的风险和成本降至最低。	财政金融部门相关举债和交易程序是否合规。
审计依据	政府财务报告框架，或根据发展伙伴或贷款机构的要求。	需要针对性制定相关的、可理解的、完整的、可靠的和客观标准。	法律、规则、条例、预算决议、政策、既定守则、商定条款以及公共部门健全财务管理和公职人员行为的一般原则。
风险评估和问题分析	通过检查与风险相关的控制措施并考虑财务报表中的交易类别、账户余额和披露，在了解被审计实体及其环境的全过程中识别风险。	检验债务监管方所采取的风险管理措施以证实其所使用的技术或模型可以有效地监控债务风险。	确定违反债务监管法规的重大风险。

续表

	财务审计	绩效审计	合规审计
审计对象选择	根据错误和欺诈导致的重大错报风险评估结果确定。	在综合考虑财政、社会和政治影响、重要性、风险、审计可行性等因素基础上按审计准则要求确定。	考虑公众或立法利益或期望；对公民的影响；有大量公共资金投入的项目；公共资金的受益人；法律某些条文的重要性；治理原则；不同公共部门机构的作用；公民和公共部门机构的权利；可能违反管辖公共实体活动的适用法律和其他法规，或公共赤字和对外义务；不遵守内部控制，或缺乏适当的内部控制系统；在以往审计中发现的结果；第三方不合规的风险。
审计报告	根据适用的财务报告框架和法律或法规确定。	对经济性、效率和效益风险分项提出意见。	报告由法律规定或审计机关制定，通常包含根据执行的审计工作所得出的结论。

审计指南提供了评估和管理公共债务风险框架与指标，帮助审计机构识别和评估与公共债务相关的风险，从而采取适当的风险缓解措施。世界审计组织具体风险指标主要包括三类：一是衡量公共债务经济风险的脆弱性指标，反映阻碍债务偿还的即时因素，此类指标对于持续监控债务的偿付能力、可持续性，以及模拟债务在不利情景下的动态表现至关重要。二是评估某些预期情况下政府应对突发事件能力的可持续性指标，这类指标有助于政府评估和调整相关财政政策以控制风险。三是反映公共债务市场表现的财务类指标。

第一类指标中较为常用的指标包括：①到期债务属性特征：包括债务种类、期限、支付条款等；②投资组合多元化：政府应确保内外部市场拥有足够的票据保证，币种和付款条件选择余地越大，汇率变动带来的偿债风险越小；③债务率：即公共债务余额占 GDP 的比重，在所有 GDP 资源都可用于偿债的假设条件下，用以反映偿债能力；④固定债务与流动债务比，固定债务指到期或再融资期限在 12 个月以上，反之则为流动债务，债务期限越长，项目成熟期也就越长，从而可以创造更多资源偿债；⑤公共债务余额占年度财政收入的比重，该指标显示了支付总债务余额所需的年数，反映政府债务负担。

公债还本付息的指标包括：①偿债金额与财政收入的比，该指标体现政府可用于偿还债务的财政收入能力；②偿债金额与出口收入的比重，体现一国外部经济支撑债务的能力；③利息支出与国内财政收入的比重，用作衡量公共收入的指标对非生产性支出增加的容忍度；④利息与 GDP 的比重，用作衡量公共债务的财务成本占税收收入的比例；⑤平均剩余期限，即衡量债券到期必须偿还本金的时间，用作监测再融资风险。指引还就上述指标提供了国际机构给定的可接受值，如表 2 –7所示。

表 2 –7　　　　国际机构给定的脆弱性指标可接受值

脆弱性指标	阈值	
	国际货币基金组织	国际债务减免
偿债金额与财政收入的比	25%—35%	28%—63%
利息支出与国内财政收入的比	7%—10%	4.6%—6.8%
债务率	25%—30%	20%—25%
公共债务余额占年度财政收入的比重	90%—150%	92%—167%

资料来源：国际货币基金组织外国事务部：2003 年“脆弱性指标”的技术说明；国际债务减免：2007 年“债务可持续性关键要素分析”。

第二类指标为可持续性指数：财政收支、公债及利息支付之间的跨期关系可以表示为：$D_{t+1} = D_t(1 + r_t) + BP_t$，其中：$D_t$对应 t 期的公债，$R_t$是债务的利率，$BP_t$是主要的财政收支平衡，由此实现可持续的条件是在既定利率下，建立债务增长、GDP 增长和赤字稳定关系。主要包括以下指标[①]：

（1）财政稳定性指数。

Blanchard（1990）提出了一个可持续性指标，指标考虑现行税收

① 详细内容可参见 GUID（5250）。

政策的一贯性，同时保持债务与 GDP 的比率保持不变的前提下。

$$t_n^* - t = \sum g/n + (r - q)d^* - t \qquad \text{（式 2-1）}$$

其中，t_n^* 是假定在 n 年内保持不变的财政负担；债务与 GDP 的比率为 d^*；g 为支出；r 是利率；q 是 GDP 的增长率。从这个意义上说，该公式显示了给定支出水平、GDP 增长路径和初始债务余额的情况下，稳定债务与 GDP 比率所需的税收水平。保证未来国债负担率（国债余额/GDP）能最终收敛于其当期水平，政府债务才是可持续的。

（2）Buiter 指标。

Buiter（1995）提出运用净财富来评估债务可持续，公式为：

$$b^* - bt = (r - q)wt - bt \qquad \text{（式 2-2）}$$

其中，b^* 是债务与可持续增长下 GDP 的比率；b 是债务与 GDP 比率；wt 是净值（实际政府价值）占 GDP 的比例；r 是利率；q 是产出增长率。Buiter 指标的使用受到以下限制：实践中政府净值难以衡量；该公式中的资产不仅应包括金融和实际资本以及土地和矿产还有未来税收的现值；负债应不仅包括直接公共债务，还包括未来社会保障支出的现值和其他福利；以及基于风险的调整值一系列难以量化的或有负债。

（3）短期缺口指标。

对于债务可持续的条件可表示为：

$$BP^* - BP = (rt - nt)b - BP \qquad \text{（式 2-3）}$$

其中，BP^* 是实现稳定所需的财政收支余额；BP 对应于当期收支余额；r 是实际利率趋势；n 是人口增长率；b 是债务与 GDP 的比率。即如果实现稳定所需的财政收支余额超过当前收支余额，则意味着财政政策是不可持续的。

（4）宏观调整后的赤字率。

该指标由 Talvi 和 Végh（2000）提出，该指标的动机是宏观经济变量的波动产生赤字变化，由此可以将宏观调整后的收支余额与当前估计值进行比较，挑战在于必须确定什么是“正常”经济状况。具体公式为：

$$I_t^m = (r - g)/(1 + g)b_{t-1} + d_t^m \qquad \text{（式 2-4）}$$

其中，r 是分析的实际利率；g 表示分析年的实际增长；d_t^m 是主要的宏观调整后余额。

（5）可持续财政状况指标。

Croce 和 Juan – Ramón（2003）使用具体方法以明确评估与债务可持续性相关的变量随时间变化时税务机关的反应。引入财政政策变化的反应函数，将其定义为可持续收支政策与有效收支政策下余额之间的差或债务占 GDP 的比重。用以解释为实现债务/GDP 的收敛比率，达到可持续（目标）所应该采取的收支政策。

（6）货币供应指标。

该指标由 Calvo、Izquierdo 和 Talvi（2003 年）提出，假定资本流动变量的波动性高于宏观经济变量的波动性，将外债与内债的比率与经济中可贸易商品与不可贸易商品的比例进行比较，具体公式为：

$$b = (B + eB^*)/(y + ey^*) \qquad (式 2-5)$$

其中，b 是债务与 GDP 的比率；B 是非贸易商品债务；e 是实际汇率；B^* 是贸易品债务；y 是债务与 GDP 的比率；y 是不可贸易商品的 GDP；y^* 是可贸易商品 GDP。

（7）有长期限制的财政可持续性指标。

Bagnai（2003）提出了两项保持债务可持续性的指标，以应对商定的或有负债或未来的利息支出等可能出现的情况。第一个指标认为，从中长期来看，一个国家的代际贡献将成为政府债务（金融市场）和纳税（宏观经济）的资金来源，因此，只有满足以下两个条件才能实现债务与国内生产总值的比率（B/y）的动态财政稳定。

$$\frac{B}{y} < b = k[\frac{\varepsilon(1+n)\tau}{1-\tau}] - [n - r(1-r)]\phi \qquad (式 2-6)$$

$$\phi \equiv 1 - \eta(1-\delta) + [\frac{\varepsilon(1+n)r}{r(1-\tau)} - \frac{s\delta(1+\phi)}{\phi}] < 0 \qquad (式 2-7)$$

其中，n 是人口增长率；τ 是所得税；s 是储蓄的收入比例；r 是实际税率；δ 是与利率相关的储蓄弹性；ε 是与利率相关的投资弹性；η 是消费在收入中所占比例的弹性；k 是资本与 GDP 的比率；ϕ 是产品占实物资本比例的弹性，即产出对国家基础设施存量变化的反应，如果债

务水平超过 b，经济体系在动态上是不可持续的，任何的外部冲击都会造成债务的爆炸式增长。

此外，GUDI5250 还提供了公共债务投资组合风险分析指标，其风险敞口由公债品种、期限、结构决定，常用的分析指标工具包括：债券收益率曲线、平均到期日、净现值等。

上述指标可以为政策制定者提供关键信息，帮助他们在债务融资、预算分配和长期财政规划方面做出更为科学合理的财政决策。

专栏 2－6 列示了依据政府审计公众标准对地方一般政府服务所做的审计报告。

专栏 2－6　美国佛罗里达州对盖恩斯维尔地区一般政府服务的财务状况和支付情况的审计报告摘录

2020 年 4 月至 2021 年 10 月，依据政府审计公众标准美国佛罗里达州对盖恩斯维尔地区一般政府服务的财务状况和支付情况的审计报告摘录如下：

1. 审计背景与审计对象

盖恩斯维尔地区公用事业公司（Gainesville Regional Utilities，GRU）为当地约 93000 名住宅、商业和批发客户提供电力、自来水、污水处理、天然气和电信服务，该公司的使命是以对环境负责的方式提供安全可靠、价格合理的公用事业服务，以提高盖恩斯维尔社区的生活质量。机构总经理作为特许官员由政府任命，政府资源局通过业务转账和征收公用事业税，为用以支持市政服务的城市普通基金提供部分支持。2009 年，市政官员与新建的盖恩斯维尔可再生能源中心（Gainesville Renewable Energy Center，GREC）的所有者达成协议，在其他电力供应方案成本不确定的情况下，为城市提供可再生能源。该协议是一份为期 30 年的合同，合同金额约为 21 亿美元，即每年 7000 万美元，但之后当地居民电费不断增长，2017 年，GRU 的领导层通过谈判达成了一项协议，以 7.57 亿美元（建造成本仅为 4.5 亿美元）的价格收购了该工厂。市政府官员表示，长期来看，这将节省约10亿美元，电费最多可减少10%。但是，增加费率的压力和不断增加的债务导致电费再次攀升。根据佛罗里达市政电力协会（Florida Municipal Electric Association）的数据，目前盖恩斯维尔的居民电费在全州所有公用事业公司中排名第二。

2. 审计目标

审计总目标为：立法机构、佛罗里达州公民、公共企业管理层和其他利益相关者提供公正、及时和相关的信息，以便纠正问题，从而提高效率，改进管理，促进政府履责。具体目标包括：评估管理层在建立和维护内部控制方面的绩效、旨在防止和发现欺诈、浪费和滥用的控制措施，以及是否根据适用法律、行政规则、合同、拨款协议和其他准则合理履行职责，并向州立法机构提出财政法规的改进建议。

3. 审计工作实施

审计机构对GRU的长期可持续性进行了评估，并尽可能以最有效和最具成本效益的方式为其客户提供可靠的公用事业服务，并继续支持城市的发展。审计工作内容包括但不限于：将审计范围、目标、时间安排、总体方法和报告告知管理层和相关人员；了解计划、活动或职能；确定和评估对审计目标具有重要性的内部控制措施；在设计和执行研究、访谈、测试、分析等程序时，运用专业判断力考虑重要性和审计风险；确保为支持审计结果和结论所收集证据的总体充分性和适当性获取合理保证；按照相关法律和审计标准的要求报告审计结果。

4. 审计工作程序

（1）审查了适用的法律、规则、市政府政策和程序以及其他指导方针，并对市政府人员进行了访谈，以了解适用的程序。

（2）检查了审计期间举行的市委员会相关的会议记录，以及审计期间之前和之后举行的部分会议记录，以确定审计期内有关的行动是否适当和充分。

（3）确定审计范围内的计划、活动和职能有关的行动是否适当和充分。

(4) 确定各财政年度的市财务审计报告是否按法律要求，在财政年度结束后9个月内提交。

(5) 检查了市政府的财务记录，以确定市政府产生的额外财务审计费用金额及原因。

(6) 检查市政府记录并询问相关人员，以确定市政府是否遵守法规和条例要求维护公共档案（包括电子档案）。

(7) 评估了 GRU 的费率确定方法，包括该公司是否开展了费率设定的研究。

(8) 检查市政府记录并询问市政府人员，以确定政府和 GRU 是否制定并保持了适当的预算规划、监督和监测财务状况的政策和程序。具体包括：评估 GRU 和整个城市的财务状况；检查城市记录，以确定城市是否按照城市政策和政府财务官员协会的规定维持了普通基金储备。

(9) 检查市政府记录，以确定市政府决策是否与市政府政策和政府财务官员协会（GFOA）的最佳做法一致。

(10) 检查了市政府的记录，以确定 GRU 的企业营运资本是否按照市政府的政策和 GFOA 的最佳做法进行了维护。

(11) 将 GRU 的长期债务与净头寸比率与佛罗里达州可比市政当局的指标进行了比较。

(12) 检查了上一财年预算的市政预算文件，检查城市记录，以确定上一财年 GRU 客户公用事业税和附加费是否按照佛罗里达州相关法律规定进行了评估。

(13) 检查了市政府记录并询问了市政府人员，以确定从 GRU 向普通基金的年度转账是否采用了合理和系统的方法并考虑了 GRU 在较长时期内的支付能力。

(14) 评估 GRU 测算方法的合理性。评估了 GRU 制定债务管理政策和程序的情况，以确定其是否以最大限度地降低借贷成本并确保遵守适用的联邦、州和地方法律以及 GFOA 的最佳做法。

5. 主要的审计发现

（1）盖恩斯维尔区域公用事业（GRU）的债务水平显著高于同类市政公用事业。

（2）城市未建立合理一致的方法来确定 GRU 向城市普通基金年度转移的金额。

（3）城市间接成本分配程序未提供独立审查间接成本工作表或对每年度末恢复的间接成本与实际间接成本进行对账。

（4）城市对 Reichert House 青年学院（RHYA）项目及相关组织的监督和控制不足。

（5）城市在管理和行政方面的一些政策和程序需要加强，包括员工背景审查、绩效评估、公共资源的使用、采购卡和旅行政策等。

6. 审计结论及建议

第一，GRU 高额债务对财务可持续性构成重大挑战。GRU 的债务水平大大高于同类市政系统。2019—2020 年 GRU 的长期债务超过 17 亿美元，仅次于规模更大、债务超过 33 亿美元的杰克逊维尔电力局。GRU 的长期债务与净资产比率为 4.3，比同行的平均值 0.94 高出约 5 倍。鉴于 GRU 的电费已经明显高于同类公用事业公司的电费，市政委员会进一步提高电费的意愿可能会限制 GRU 满足当前和未来偿债要求的能力，也会限制 GRU 为一般政府服务提供资金的能力。同时，GRU 可能需要举借额外的债务以维持运转。按照能源管理局（TEA）的综合资源计划（IRP），到 2039 年，预计为提供客户所需的电力 GRU 需新增债务的范围为 2.54 亿—8.95 亿美元。鉴于 GRU 的债务水平已经很高、信用等级不断降低、电力需求水平稳定以及电费居高不下，因此，GRU 在满足电力客户需求的同时为市政府大部分一般服务提供资金的能力可能会受到限制。为此，审计长办公室建议 GRU 管理层和市政委员会共同制定一项长期债务管理计划，其中应包括量化绩效措施和时间表。

第二，考虑到 GRU 的长期支付能力，市政府没有制定合理、一致的方法来确定每年从 GRU 转入市政府普通基金的金额。

实际上，考虑到 GRU 在财政上向普通基金支付金额以及向客户提供可靠的公用事业服务这两个相互竞争的事项，市政府必须采用一种合理、一致的方法来确定上交金额。

为此，2020 年 10 月，市政府与一家咨询公司签订合同，对 GRU 向普通基金转账（GFT）提供机制设计建议，从上交资金的确定性、上交资金的可行性等方面综合考虑形成三种备选方案，最终建议采用按照公用事业计划改进基金的一定比例上交的机制。然而，审计查明，顾问所描述的转账方案不符合上述要求，即每个方案提供资金的能力（最低上交金额为每年 3830 万美元）都无法实现。针对公用事业局局长提出的问题，咨询顾问又设计了补充方案，并指出，与原方案相比，补充方案中的总回收资金水平较低且不太稳定，市政府将更难适应。综合考量，在编制 2021—2022 财年预算时，GRU 和市政委员会同意 2021—2022 财年的总预算为 3630 万美元，比前三个财年的 3830 万美元少 200 万美元。尽管通过了该决议，但如果不采取合理、一致的方法来确定上交数额，缺少长期规划的情况下，GRU 在未来无法为其客户提供可靠的公用事业服务的风险就会增加，由此，GRU 在较长时期内无法以最有效和最具成本效益的方式为客户提供可靠的公用事业服务的风险就会增大。

资料来源：https：//www. gainesvillefl. gov。

第三章

地方政府债务治理的中国探索

本章主要分析我国各历史时期地方政府债务的沿革和作用，从对法定债务、隐性债务等维度梳理总结当前地方政府债务的政策体系框架，总结近年来地方政府债务监管方面的主要做法、重要节点、成效与问题，力求找到地方政府债务监管体系优化与审计监督的结合点。

一、理论研究

（一）地方政府债务管理与公共风险

公共债务风险是指政府拥有的公共资源不足以履行其应承担的支出责任和义务，导致经济、社会的稳定与发展受到损害的一种可能性。通过对现有理论体系的梳理分析不难得出，公共债务风险具有多元性、复杂性、不确定性和传染性等特征，可以分为内生性和外生性两类。内生性风险主要源于政府自身的财政行为和决策，如财政赤字、债务水平、债务结构、预算管理等；外生性风险主要源于外部环境和因素的变化，如经济周期、金融危机、自然灾害、社会动荡等。债务风险会对国家的经济增长、社会稳定、国家安全等方面产生不利影响，甚至引发财政危机或主权债务危机。

中国地方政府债务风险以共生性为主，特征主要体现为风险载体的多元化和风险来源的分散化，隐性债务的空间分布不平衡，导致的溢出效应更大，存在因局部债务风险跨区域外溢而引发系统性风险的可能（周世愚，2021；李程等，2022；熊琛等，2022）。因此，构建规范有序的地方政府性债务治理模式是防范财政风险、实现政府债务融资健康发展的重要举措，对于微观企业正常经营和经济社会高质量发展至关重要（赵全厚，2014；胡玥等，2022）。关于国内地方政府债务监管，研究证明：相关政策显著制约了地方政府隐性债务和债务总规模的持续增长，提高了融资平台的市场化程度（刘贯春等，2022；张牧扬等，

2022），同时也缓解了企业的融资困境（梁若冰等，2021）。刘尚希（2003）提出了一个适合我国实际国情的财政风险分析框架，从政府债务与公共资源之间的联系来考虑，并选取了相关指标进行预警评估。

尽管国内外学者对债务风险进行了大量的研究，但仍然存在以下不足和挑战：①没有很好地解决在现有的多重政策目标下，债务风险如何动态变化，以及债务风险是否具有周期性这样的重大基础理论问题；②没有提供在现有财税体制框架内，与重大财政政策配套的风险规避及解决方案；③没有充分考虑我国经济与国情的特殊性，如样本、经验数据、分析技术等方面的限制。

基于此，对于未来研究，可以尝试从以下几个方面进行探索和创新：①结合新时代中国特色社会主义的发展要求和实践经验，建立一个更为全面和系统的债务风险理论体系，从不同层面和角度探讨债务风险的成因、表现、评估、控制和防范等问题；②运用更为科学的研究方法来解决债务风险与其他变量之间可能存在的反向因果关系、非线性关系和动态关系等问题；③利用大数据、人工智能等新技术提高财政风险的监测和预警能力，构建多元化的风险管理机制和协调机制，加强对债务风险未来变化走势和重大影响的预测和分析。

（二）地方政府性债务审计

随着相关改革的推进，政府债务审计研究也逐步深入，具体可分为以下几类：一是功能定位研究。国家审计在地方政府性债务风险管理中具有信息甄别和风险预警、抵御等重要功能，有助于降低地方政府显性债务风险、隐性债务风险和综合债务风险（刘力云等，2020；张曾莲等，2021；仲杨梅等，2019），是治理地方政府债务问题的重要手段（马铁群，2015；宋夏云等，2016）。当前，传统“以 GDP 为纲”的“数量型治理”模式造成隐含的制度性错配扭曲，地方政府债务治理模式须从传统的“激励导向”，转向惠及长远的“绩效型治理”，着力增进债务融资的质量和效率，实施提质增效目标引领的项目甄别和绩效审计（郭玉清，2020）。二是实施路径研究。审计机关通过揭示借、管、用、还等各环节存在的问题及风险，摸清债务规模和结构，通过加大审计处罚力度、审计监督力度以及审计协作力度来加强和改善地方政府性债务管理（曾康霖，2014；张曾莲等，2017）。三是效果及影响因素研究。相关实证研究显示，政府债务审计的效果包括：①行为约束，增强审计力度有助于约束政府的预算外活动（向辉等，2020），降低官员晋升竞争对地方政府投融资平台债务的激励程度（蒲丹琳等，2014）；②提升支出绩效，特别是提高隐性债务使用环节的支出绩效（蔡利等，2022）；③影响审计效果的因素，地方政府债务治理效应存在财政分权体制差异，财政分权越高，政府审计对于地方政府债务增长的抑制作用越强（马东山等，2019），全国债务审计后，显性地方政府政府债务风险显著下降，但地方政府通过城投债等隐性融资举债，地方政府隐性债务风险反而显著升高（陈文川等，2019）。四是改革方向举措研究。现行国家审计准则以资金和项目为抓手，而实践中增加了政策因素，从审计标准、证据、重要性判断和审计报告等方面都有所不同（王彪华，2018），具体到地方债务，仅从财政或金融单一角度，都不足以化解地方政府债务所带来的财政和金融的双边风险问题（吴文锋等，2022）。债务监管需要构建包含协同审计机制、审计治理机制和信息互动机制在内的协同治理模式（刘骅等，2018）。包含债务信息的政府综合财务报告审计准则需要分别对政府综合财务报告中的财务信息审计、内部控制审计和整合审计做出规范（郑石桥等，2021）。

综合已有对地方政府性债务审计的相关研究，可以初步梳理出两条脉络：一是结合国内外政府债务监管实践，从地方政府债务风险特征、管理框架等相对宏观的视角，考察债务审计与国家治理体系、能力之间的关系，审计监督与其他各类监督的功能差异等，为明确地方政府性债务审计改革方向提供拓展理论基础。二是站在技术操作等相对微观的角度，关注某类审计项目的实施效果、主要经验、影响因素等。从文献成果看，对于国家审计准则、指南等制度工具中债务审计的实施环境、效果、影响因素等，预算审计与财务报告审计协同、债务的审计监督与其他监督形式的贯通、隐性债务化解路径等问题仍有广阔的研究空间。

二、改革实践

（一）地方政府债务风险演变

我国地方债的产生和发展并非仅源于短期因素和周期性因素，而是由改革开放以后长期快速经济增长所承担、积累、隐匿的成本与风险造成的。1994 年分税制改革明确了中央与地方各自的财政收入和支出责任，为我国建立现代财政制度奠定了坚实基础，但也客观上带来地方政府财权与支出责任的不匹配，以及长期过度依赖土地财政的问题，在《预算法》《担保法》等约束下，一些地方政府率先尝试成立融资平台公司以拓展融资渠道满足建设需要，1994 年的《预算法》引入复式预算，并允许对中央建设性预算列赤字。

1997 年亚洲金融危机以后，为应对冲击，我国实行宏观政策重大转向，实施积极的财政政策，1998—2004 年我国为支持农林水利、交通通信、城市基础设施等领域的投资，累计发行长期建设国债的规模达到 9100 亿元，其中两成由中央转贷地方以补充地方财力，但并未列入地方赤字，带动基础设施建设投资的同时也在客观上助长了地方政府的举债需求。在此背景下，商业银行建议地方政府成立融资平台，通过土地划拨等方式获取贷款、发债融资，地方政府以土地“背书”，自此，融资平台成为地方政府举债的主要渠道。地方政府举债促使信贷高速增长，低水平重复投资倾向有所加剧，财政政策开始转向稳健。

2008 年金融危机后，各国出台大规模宏观刺激，杠杆率迅速上升，我国地方政府承担宏观调控的职责，在原《预算法》禁止地方政府举债融资的限制下，要扩张支出应对金融危机，进一步加大向银行、信托等融资力度。同时，为支持中央投资项目的配套贷款，统筹配置信贷资源，央行联合其他监管部门在 2009 年出台的《关于进一步加强信贷结构调整促进国民经济平稳较快发展的指导意见》中明确“鼓励地方政府通过增加地方财政贴息、完善信贷奖补机制、设立合规的政府投融资平台等多种方式，吸引和激励银行业金融机构加大对中央投资项目的信贷支持力度。支持有条件的地方政府组建投融资平台，发行企业债、中期票据等融资工具，拓宽中央政府投资项目的配套资金融资渠道。”加之金融机构存在“兜底幻觉”，便大胆借钱给城投公司。这一过程使得金融机构扩表的同时形成了地方政府隐性的财政责任。银行通过各类影子通道将资金给到地方政府基建的同时而不受央行严格的信贷管控。

2014—2015 年进入降息周期后，商业银行更加倚靠增加非标业务以对冲存贷利差收紧的不利影响，同业业务在银行资产结构中的占比也快速提升，这类业务与传统银行的关联度较高，结构相对复杂、部分业务隐秘性强、涉及高杠杆操作或监管覆盖不足的领域，一些影子银行将资金投向地方政府融资平台，部分基金子公司业务模式以通道为主，使得地方政府债务相关的信用风险、金融市场的流动性风险和实体经济的信用风险之间相互演化传导，对财政与货币监管政策适应性提出了严峻挑战。

（二）当前地方政府债务监管的政策框架

1. 对法定债务的管理

（1）总体框架。

我国 2014 年修订的《预算法》第三十五条中首次赋予了地方政府举借债务的权利，加上同年发布的《国务院关于加强地方政府性债务管理的意见》（国发〔2014〕43 号）及《国务院关于深化预算管理制度改革的决定》（国发〔2014〕45 号），这三部法规文件共同解决了地方政府债务“谁来借”“借多少”“如何借”等关键问题，之后通过实践中不断探索完善，初步构建了一套完整的地方政府债务政策体系，实现了从举借到信息公开的监管闭环管理，具体政策内容分为以下八个方面：

一是举借主体。按照《预算法》规定，地方政府债务举借主体只能是省、自治区、直辖市一级政府，之所以未将举债权限下放至市级及以下政府，一方面考虑到赋予地方政府举债权限事关重大，改革应谨慎推进；另一方面，从各级地方政府信用来看，省级政府比市县政府融资信用高，相应的融资成本低，同时，省级政府统筹资源能力也较强，有助于应对债务风险。

二是举债限额。债务规模与债务风险密切相关，中央应对地方政府举债的规模作出必要限制。按照《预算法》《关于对地方政府债务实行限额管理的实施意见》（财预〔2015〕225 号）等法规文件要求，我国分地区举借地方债规模由财政部根据国家宏观经济形势测算报国务院确定后，报全国人民代表大会或者全国人大常务委员会批准。地方债新增限额的分配体现正向激励的原则，依据各地财政实力、举债空间、债务风险、管理绩效等因素统筹安排，省以下各级财政部门在财政部下达的新增限额内依据各地区债务风险、财力等因素，并统筹考虑中央确定的重大项目支出、地方融资需求等情况测算，报经省级政府批准后逐级分配下达，图 3－1 显示了 2015—2022 年地方政府债务限额及财政收入情况。

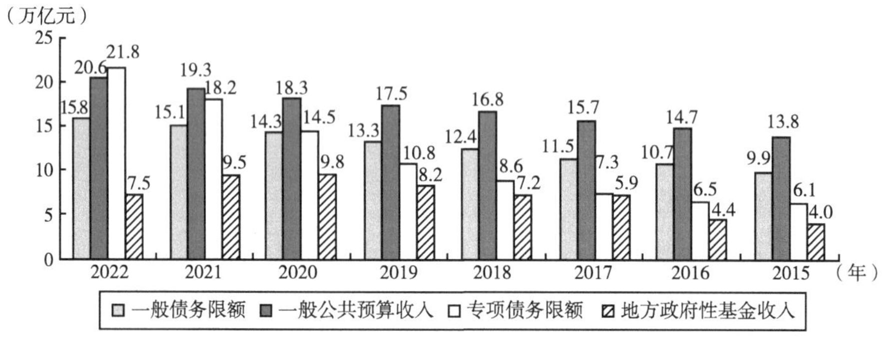

图 3－1　2015—2022 年地方政府债务限额及收入情况

资料来源：中国地方政府债券信息公开平台及财政部网站。

三是举借形式。从国内外实践看，地方政府举债的形式可以是银行贷款、资产抵押、通过融资平台举借等多种形式，而相对于其他形式，发行债券形式的透明度最高。因此，《预算法》规定，地方政府债务只能通过发行地方政府债券的形式举借。进一步地，从财政“四本预算”的可偿债财力看，一般公共预算收入主要由税收和非税收入构成，可用于偿债财力较为稳定，对应的可发一般债。政府性基金预算长期以来是地方财政收入的重要来源，具有专款专用性质，对应的可发专项债。国有资本经营预算其财力主要集中于省一级，而市县级偿债能力有限。社保基金预算是人民群众的“养老钱”“救命钱”，不可用来偿债。因此，地方政府发行“一般债券”和“专项债券”两个品种，按最终用途分别对应纯公益项目和有一定收益的公益性项目①。

四是预算管理。在 2015 年以前，部分地方政府通过融资平台公司、企事业单位，绕开原《预算法》举借债务，这些债务缺少人大、国库、审计的监督和制衡，规模不断膨胀，使用不规范。为此，财政部于 2016 年印发了《地方政府一般债务预算管理办法》（财预〔2016〕154 号）、《地方政府专项债务预算管理办法》（财预〔2016〕155 号），要求对地方政府债务收入、安排的支出、还本付息、发行费用均纳入预算管理，并履行法定程序，由本级政府提请本级人民代表大会常务委员会批准。此外，考虑到地方若按预算调整程序执行后，债务资金实际支出相对较晚，由全国人大授权国务院在特定期限内，每年提前下达次年新增地方债务限额，以保障项目建设进度需要，尽快形成实物工作量。进一步的，为促进地方财力与偿债能力的合理匹配与可持续，2021 年发布的《国务院关于进一步深化预算管理制度改革的意见》（国发〔2021〕5 号）要求地方政府举借的债务应当在中期财政规划中如实反映，并鼓励地方建立政府偿债备付金制度，比例不低于本级同期政府债务余额的 5%。

五是举债用途。政府债务本质上是将未来的财政收入调配至当期使用，因此，用于当期支出的同时应当让后代人享受一定的福利才符合代际公平的原则，相应的债务若用于一次性消耗，后代人不能享受，只有用于资本性支出，这即所谓的“黄金法则”，我国吸取这一经验，将地

① 需要说明的是，对于地方政府短期内难以偿还的债务，还有“置换债券”和“再融资债券”两类，但其均属于资金周转性质的债券。

方政府举借债务的用途限定于公益性资本支出，不得用于经常性支出，同时推出地方政府债券“负面清单”，严格规范管理。

六是风险评估预警。这也是《预算法》的法定要求，监管部门以综合债务率、一般债务率、专项债务平均到期偿债保障等指标为核心，通过刻画地方政债务偿债压力、难度、偿还程度等，并分别设定指标阈值，将不同区域划分为“红、橙、黄、绿”等几档，确定“预警地区”“提示地区”和“无风险地区”的风险等级，构建了一整套完善的风险预警和评估体系（见表3－1），实现对省、市、县三级政府的债务风险监测，财政部将风险评估和预警结果向国务院报告，并将有风险的地区通报至省政府、相关金融和投资监管等相关的部门，便于根据评定结果开展监管，并要求省级政府根据财政部提供的风险评估结果督促整改。

表3－1　地方政府债务风险主要监测指标

政策文件	主要指标	功能	公式	预警值
国务院办公厅关于做好地方政府性债务审计工作的通知（国办发明电〔2011〕6号）	债务率	反映整体债务水平	年末债务余额占当年综合可用财力的比率	100%
	偿债率	反映偿还程度	当年偿还债务本息占当年综合可用财力的比率	20%
	逾期债务率	反映偿还压力	年末逾期债务额占年末债务总余额的比重	—
	借新还旧偿债率	反映偿还难度	举借新债偿还债务本息额占当年债务还本付息总额的比重	—
国务院关于加强地方政府性债务管理的意见（国发〔2014〕43号）	债务率	反映整体债务水平	年末债务余额占当年综合可用财力的比率	100%
	偿债率	反映偿还程度	当年偿还债务本息占当年综合可用财力的比率	20%
	逾期债务率	反映偿还压力	年末逾期债务额占年末债务总余额的比重	—
	新增债务率	反映债务增长情况	一般（专项）债务余额增长额/上年度一般（专项）债务余额	—

续表

政策文件	主要指标	功能	公式	预警值
地方政府法定债务风险评估和预警办法①	债务率	反映偿债能力	（一般务余额＋专项务余额）／（一般公共预算财力＋政府性基金预算财力）	将债务率≥300%的区域分档为红色、将债务率介于［200%，300%）的区域分档为橙色、将债务率介于［120%，200%）的区域分档为黄色、将债务率＜120%的区域分档为绿色。
	综合债务率	反映偿还能力	一般债务率×35%＋专项债务率×30%＋一般债务新增债务率×2.5%＋专项债务新增债务率×2.5%＋一般债务偿债率×5%＋专项债务偿债率×5%＋一般债务逾期率×10%＋专项债务逾期率×10%	按照不同政府层级承债能力的差异设为省本级120%、市本级110%、县级100%。
	一般债务率	反映可偿债财力对偿债需求的保障能力	（一般债务余额÷债务年限）／当年一般公共预算可偿债财力	100%
	专项债务平均到期偿债保障倍数		当年政府性基金预算可偿债财力／（专项债务余额÷债务年限）	1
	债务利息支出率	反映利息偿还能力	（一般债券付息支出＋专项债券付息支出）／（一般公共预算支出＋政府性基金预算支出）	10%
	偿债率	反映本金偿还能力	当年偿还债务本息占当年综合可用财力的比率	—
	债务逾期率	反映偿还压力	年末逾期债务额占年末债务总余额的比重	0

① 此处选取地方政府对应出台的细化政策中对应指标举例说明。

七是应急处置机制。为对地方政府债务加强事前的风险防范，2016年，国务院办公厅印发了《地方政府性债务风险应急处置预案》（国办函〔2016〕88号）、《地方政府性债务风险分类处置指南》（财预〔2016〕152号），从设置各省的地方政府性债务领导小组、建立分级响应机制（见表3－2）、建立地方政府财政重整机制①等方面建立健全地方政府性债务风险应急处置的政策储备。特别为增强地方政府和银行业金融机构领导干部的风险意识、责任意识，该文件明确了对风险事件发生后地方政府有关责任人、银行业金融机构相关负责人进行行政问责和追究的法律责任，并明确了相关程序②。为进一步防范风险，2021年，《国务院关于进一步深化预算管理制度改革的意见》（国发〔2021〕5号）提出建立偿债备付金制度，以发挥其对债务风险的逆周期调节作用，各地纷纷结合自身实际做了探索。

表3－2　　债务风险事件级别对照

等级	出现风险情形的市县范围	地方政府债务本金违约占同期本地区政府债务应偿本金比例或利息违约占同期应付利息比例
Ⅰ级（特大）	省级或全省15%以上的市县	10%以上
Ⅱ级（重大）	10%以上（未达到15%）的地区	5%以上（未达到10%）
Ⅲ级（较大）	2个以上但不超过10%的地区	1%以上（未达到5%）
Ⅳ级（一般）	单个市县	—

八是信息公开。按照《政府信息公开条例》和《预算法》的规定，地方政府债务预算公开是法定义务。2018年，财政部印发了《地方政府债务信息公开办法（试行）》（财预〔2018〕209号），对债券发行和存续期公开范围、内容、监督、法律责任等作出详细规定，并发布了债务信息公开样表，推进公开标准化，接受人大、审计、社会监督。2019年财

① 市县债务管理领导小组或债务应急领导小组认为确有必要时，可以启动财政重整计划；市县政府年度一般债务付息支出超过当年一般公共预算支出10%的，或者专项债务付息支出超过当年政府性基金预算支出10%的，债务管理领导小组或债务应急领导小组必须启动财政重整计划。

② 《预算法》第94条规定：各级政府、各部门、各单位违反本法规定举借债务或者为他人债务提供担保，……责令改正，对负有直接责任的主管人员和其他直接责任人员给予撤职、开除的处分。

政部又建立了统一的中国地方政府债券信息公开平台，集中公开地方政府债务余额、限额、存续期等统计数据，进一步提升了地方债的信息质量。

（2）专项债管理。

《国务院关于加强地方政府性债务管理的意见》（国发〔2014〕43号）中规定："有一定收益的公益性事业发展确需政府举借专项债务的，由地方政府通过发行专项债券融资，以对应的政府性基金或专项收入偿还。"专项债券在稳定经济增长、带动基础设施投资等方面发挥了重要作用。一是持续调整优化支持领域和适用范围。2017 年 8 月，按照《关于试点发展项目收益与融资自求平衡的地方政府专项债券品种的通知》，我国先从土地储备、收费公路两个领域开展发债试点，之后，财政部持续调整优化专项债券适用范围，一方面鼓励在重大项目、重大战略和重点领域中使用专项债；另一方面，对一些收益不确定性较高、不具备公益属性的项目，通过项目库、负面清单等方式加以规范，如：对于土地储备专项债，考虑到在支出方向上，其土地征地拆迁中部分属货币化补偿，未形成资本化支出，从实际还款来源看，90% 源自土地使用权出让收入，基于土地财政的不确定性，2020 年起，除租赁住房相关的土地储备项目外，不再发行土地储备相关的专项债券。2022 年，《国务院关于印发扎实稳住经济一揽子政策措施的通知》（国发〔2022〕12 号）进一步将新型基础设施、新能源项目等纳入专项债支持范围。

二是拓宽重点支持项目融资渠道。2019 年起，我国允许将专项债券用作国家重点支持的铁路、收费公路、干线、机场、内河、航电枢纽和港口等领域中重大项目的资本金。鉴于专项债支持的项目具有一定收益，社会资本有意愿进行投资，财政部明确对收益兼有政府性基金收入和其他经营性专项收入，并且在其偿还专项债券本息后仍有剩余专项收入的项目，允许该企业法人项目单位向金融机构进行市场化融资。2023 年《政府工作报告》中提出：增加地方政府专项债券额度，重点支持交通、水利、能源、信息等基础设施和民生工程建设，鼓励社会资本参与建设运营，调动民间投资积极性。进一步拓展专项债可用于资本金的领域，在 2022 年十个领域的基础上，拓展至供热（含长距离供热管道）、供气、新能源项目（大型风电光伏基地、抽水蓄能电站、村镇可再生能源供热、深远海风电及其送出工程、新能源汽车充电桩）、煤炭储备设施、国家级产业园基础设施领域（见表3－3）。

三是夯实风险和绩效管理基础。财政部针对债券使用中项目周期与债券周期不匹配、重申请轻管理等问题不断修订完善各项制度，在《关于进一步做好地方政府债券发行工作的意见》（财库〔2020〕36号）中要求科学设计债券期限，确保其与项目周期相匹配，同时对债券评级、信息披露、发行、托管等做了进一步规范。财政部发布《地方政府专项债券调整操作指引》（财预〔2021〕110号），对于因实施条件发生变化等原因需要对债券资金用途予以调整的地方赋予一定自主权，并明确了相关程序、条件和管理要求。此外，为进一步规范推进全口径预算管理，财政部发布了《地方政府法定债务全面纳入预算管理一体化工作方案》，将地方政府法定债务全面纳入预算管理一体化系统，全面提高了各级预算管理规范化、标准化和自动化水平。

表3－3　2022年度、2023年度专项债券投向领域对比

2022年	2023年
一、交通基础设施 （一）铁路 （二）收费公路 （三）机场（不含通用机场） （四）水运 （五）城市轨道交通 （六）城市停车场 二、能源 （一）天然气管网和储气设施 （二）城乡电网（农村电网改造升级和城市配电网） 三、农田水利 （一）农业 （二）水利 （三）林业 四、生态环保 （一）城镇污水垃圾处理	一、交通基础设施 （一）铁路（含城际铁路和铁路专用线） （二）收费公路 （三）民用机场（不含通用机场） （四）水运 （五）城市轨道交通和市域（郊）铁路 （六）城市停车场 （七）综合交通枢纽（含综合交通枢纽一体化综合利用） 二、能源 （一）天然气管网和储气设施 （二）煤炭储备设施 （三）城乡电网（农村电网改造升级、城市配电网、边远地区商网型新能源微电网） （四）大型风电基地、大型光伏基地、抽水蓄能电站等绿色低碳能源基地（含深远海风电及其送出工程），村镇可再生能源供热 （五）新能源汽车充电桩 （六）公共领域充换电基础设施

续表

2022 年	2023 年
五、社会事业 （一）卫生健康（含应急医疗救治设施、公共卫生设施） （二）教育（学前教育和职业教育） （三）养老 （四）文化旅游 （五）其他社会事业 六、城乡冷链等物流基础设施（含粮食仓储物流设施） 七、市政和产业园区基础设施 （一）市政基础设施 1. 供水 2. 供热 3. 供气 4. 地下管廊 （二）产业园区基础设施 八、国家重大战略项目 （一）京津冀协同发展 （二）长江经济带发展 （三）“一带一路”建设 （四）粤港澳大湾区建设 （五）长三角一体化发展 （六）推进海南深化改革开放 （七）黄河流域生态保护和高质量发展 九、保障性安居工程 （一）城镇老旧小区改造 （二）保障性租赁住房 （三）棚户区改造：主要支持在建收尾项目，适度支持新开工项目	三、农田水利 （一）农业 （二）水利 （三）林草业 四、生态环保 （一）城镇污水垃圾收集处理 五、社会事业 （一）卫生健康（含应急医疗救治设施、公共卫生设施） （二）教育（学前教育、职业教育、普通高校学生宿舍） （三）养老托育 （四）文化旅游 （五）其他社会事业 六、城乡冷链等物流基础设施 （一）城乡冷链物流设施（含国家物流枢纽、农产品批发市场） （二）粮食仓储物流设施 （三）应急物资仓储物流设施（含应急物资中转站、生活物资城郊大仓基地） （四）农产品批发市场 七、市政和产业园区基础设施 （一）市政基础设施 1. 供排水 2. 供热（含长距离供热管道） 3. 供气 4 地下管线管廊 （二）产业园区基础设施（主要支持国家级、省级产业园区基础设施） 八、国家重大战略项目 （一）京津冀协同发展 （二）长江经济带发展 （三）“一带一路”建设 （四）粤港澳大湾区建设 （五）长三角一体化发展 （六）推进海南深化改革开放 （七）黄河流域生态保护和高质量发展 （八）成渝地区双城经济圈

续表

2022 年	2023 年
	九、保障性安居工程 （一）城镇老旧小区改造 （二）保障性租赁住房 （三）棚户区改造：主要支持在建收尾项目，适度支持新开工项目 （四）公共租赁住房 （五）城中村改造 （六）保障性住房 十、新型基础设施 （一）市政、公共服务等民生领域信息化 （二）云计算、数据中心、人工智能基础设施（主要支持国家算力枢纽节点和国家数据中心集群） （三）轨道交通、机场、高速公路等传统基础设施智能化改造 （四）第五代移动通信（5G）融合应用设施 （五）国家级、省级公共技术服务和数字化转型平台 十一、特殊重大项目

2. 对隐性债务的监管

地方政府隐性债务的风险主要集中在城投平台等主体上，特别是城投平台等主体形成的隐性债务。此外，地方政府扩大财政支出、加大减税降费力度与较高的债务负担并存，这也对隐性债务风险化解提出了挑战。

（1）化解存量债务。

2012 年以来，财政部与央行、银监会等部门协同配合，在做好地方政府债务摸底清理的数据核查工作基础上，共同研究制定《关于制止地方政府违法违规融资行为的通知》（财预〔2012〕463 号）等政策文件，做好防范化解地方债务风险相关工作。按照 2014 年修订后的《预算法》，发行债券是地方政府举借债务的唯一合法形式，所以，我国以 2015 年为时间节点，对地方政府债务做了新老划断，在此之前的地方政府存量债务通过履行法定程序加以认定，并对其中地方政府负有偿还责任的、非债券形式的债务通过发行置换债券将其转变为合法形式，财政部自2015年8月到2018年8月期间利用三年时间将2014年底前形成的债务在人大批准的限额内置换，累计发行置换债券12.2万亿元。我国通过债务置换举措，将隐性风险显性化的同时，还大幅降低了相关的利息支出：2018年年末地方政府债务平均利率比2014年末降低约6.5个百分点，累计节约利息约1.7万亿元。同时，置换债向经济实力强、债务负担偏重的地区倾斜，避免了个别地方政府资金断裂风险，压实了属地政府债务偿还与管理责任。除财政部门的政策外，央行为配合债务置换，鼓励商业银行购买地方债，允许商业银行以地方债抵押纳入央行SLF、MLF和PSL的抵押品范围，有助于进一步降低中长期无风险利率，稳定商业银行资产质量。同时，为降低地方债大量发行对流动性的冲击，央行及时调整货币政策工具的操作方向，灵活提供不同期限流动性，保持了银行体系流动性的合理充裕，促进了货币市场利率平稳下行。2015—2018年，央行连续7次下调存款准备金率，弥补长期流动性缺口，以逆回购为主搭配短期流动性调节工具（SLO），灵活开展公开市场操作，有效熨平了流动性的短期波动，同时央行规定商业银行能通过地方债抵押申请中期借贷便利（MLF）等资金，在维持资金基本面宽松环境的同时，调动了商业银行购买置换债的积极性。

2019年，为进一步减轻部分地区尤其是欠发达地区的债务负担，财政部通过竞争性立项选取内蒙古、辽宁、甘肃、湖南、云南、贵州、江苏六省开展建制县隐性债务置换试点工作，共发行1579亿元置换债。2020年12月至2021年9月，建制县化债试点进一步扩展，同时，江苏、辽宁等省再融资债券用途从“偿还债务本金”拓展至“置换存量债务”；2021年10月至2022年6月，北京、上海、广东等地开启全域无隐性债务试点，上述两项工作累计发行“特殊再融资债券”1.74万亿元。需要强调的是，特殊再融资债券是将隐性债务纳入法定债务的一种方式，发行成功后需纳入地方政府债务限额。

债务置换能优化债务期限结构、降低偿债压力，但有效控制风险还需要积极采用多种方式化解隐性债务[①]，切实提升地方政府自身的偿还能力。2023 年政府工作报告中提出：要防范化解地方政府债务风险，优化债务期限结构，降低利息负担，遏制增量、化解存量。2023 年 7 月，中央政治局会议要求：要有效防范化解地方债务风险，制定实施一揽子化债方案。2024 年 2 月，国务院常务会议要求：强化源头治理，远近结合、堵疏并举、标本兼治，加快建立同高质量发展相适应的政府债务管理机制，在高质量发展中逐步化解地方债务风险。在此背景下，财政部在地方政府债务限额内安排的特殊再融资债券发行力度进一步加大，一些地方政府按照市场化原则与金融机构、企业等签署政银企合作协议的形式获取支持。

2024 年 3 月，李强总理在国务院防范化解地方债务风险工作会上进一步要求，要持续深入化解地方政府债务风险，坚决落实过紧日子要求，用足用好各类政策资源，加快化债方案推进实施。要下更大力气化解融资平台债务风险，强化配套政策支持，加快压降融资平台数量和债务规模，分类推动融资平台改革转型。2024 年 4 月，中共中央政治局会议要求：要深入实施地方政府债务风险化解方案，确保债务高风险省份和市县既真正压降债务、又能稳定发展。这标志着化债工作重点已从短期的风险管控转向长期的根源治理。

（2）遏制增量债务。

2014 年，国务院印发《关于加强地方政府性债务管理的意见》，对地方政府债务实行限额控制和预算管理，加快建设规范的地方政府举债机制。2017 年 7 月 14 日，全国金融工作会议召开，习近平总书记发表重要讲话指出："各级地方党委和政府要树立正确政绩观，严控地方政府债务增量，终身问责，倒查责任"。2017 年 7 月 24 日，中央政治局会议强调，要积极稳妥化解积累的地方政府债务风险，有效规范地方政府举债融资，坚决遏制隐性债务增量。为此，财政部采用开前门的同时

① 财政部引导地方不断探索，提出六种隐性债务化解方式，主要包括：1）通过财政资金偿还；2）通过出让经营性国有资产权偿还；3）利用项目结转资金、经营收入还债；4）转化为企业经营性债务；5）通过债务置换或展期等方式；6）破产重整或清算。

更要堵后门的监管思路，坚持不救助原则，硬化预算约束，防范道德风险，于2017年发布了《关于进一步规范地方政府举债融资行为的通知》（财预〔2017〕50号），从六个方面进一步明确了债务治理的“正面”和“负面”清单，主要包括：对地方政府及其部门违法提供融资担保的限期清理整改；从企业资产负债形式入手加强融资平台公司管理；规范PPP、政府投资基金等政府和社会资本合作形式；健全规范的地方政府举债融资机制；建立跨部门联合处置机制；大力推进信息公开。在此基础上，财政部又出台了《关于坚决制止地方以政府购买服务名义违法违规融资的通知》（财预〔2017〕87号），针对政府购买服务对象、法律依据、预算管理、违法举债的主要表现形式，以及政府购买服务对象、期限、支出责任的信息公开等做了进一步明确。

为落实上述要求，财政部在《关于坚决制止地方政府违法违规举债遏制隐性债务增量情况的报告》中提出遏制增量、化解存量等六个方面的具体管理措施，在《关于做好2018年地方政府债务管理工作的通知》（财预〔2018〕34号）中进一步强调地方政府要落实属地责任，规范举债行为。为进一步打破“两个幻觉”、核查存量、严控增量，财政部要求各地通过债务监测平台统计上报截至2018年8月31日清理认定的地方政府隐性债务、资产等数据，开展地方政府隐性债务的清查认定工作。人民银行等机构发布《关于规范金融机构资产管理业务的指导意见》（银发〔2018〕106号），明确了各类产品刚性兑付的行为和惩处机制，严格非标准化债权类资产投资要求，禁止参与具有滚动发行、集合运作、分离定价特征的资金池业务，防范影子银行风险和流动性风险，力求打破投资者隐性担保和刚性兑付的“幻觉”。

2018年10月，国务院发布的《关于保持基础设施领域补短板力度的指导意见》（国办发〔2018〕101号）提出，有条件允许融资平台公司与金融机构协商采用展期、债务重组的方式维持运转。对2017年7月14日第五次金融工作会议召开之前形成的债务，逐一分析其相关项目的偿债能力，通过贷款或信用债置换非标等形式予以处置。在《关于加强宏观信贷政策指导 推动金融更好服务实体经济的意见》（银发

〔2018〕93 号）中，央行引导金融机构回归服务实体经济本源，防范风险，进一步疏通货币政策传导机制，通过《关于优化扶贫再贷款管理有关事项的通知》（银办发〔2018〕172 号），选择河南、云南等 12 个省（区、市）开展优化运用扶贫再贷款发放贷款定价机制试点。引导金融机构增加深度贫困地区信贷投放，推动地方政府建立贷款逾期风险预警机制，防范以扶贫名义过度举债等扶贫领域融资可能存在的风险。

2019 年 3 月，财政部发布了《关于推进政府和社会资本合作规范发展的实施意见》（财金〔2019〕10 号）、《财政部办公厅关于梳理 PPP 项目增加地方政府隐性债务情况的通知》（财办金〔2019〕40 号），针对 PPP 中项目实施条件、政府付费要求、社会资本方选择等予以规范，明确其中各类隐性债务的认定情形和整改追责要求。2022 年 11 月，《关于进一步推动政府和社会资本合作（PPP）规范发展、阳光运行的通知》（财金〔2022〕119 号）中除了强调严禁在项目合同和补充协议中约定兜底条款，或采用抽屉协议规避监管外，规定省级财政部门要对项目执行信息予以复核，并对项目涉及的所有收入和支出实行全口径预算管理。2023 年 11 月，《国务院办公厅转发国家发展改革委、财政部〈关于规范实施政府和社会资本合作新机制的指导意见〉的通知》（国办函〔2023〕115 号）发布，要求政府和社会资本合作项目全部采用使用者付费的特许经营模式实施，社会资本方的建设成本不能以政府付费的形式进行变相补贴。

建立市场化、法治化的债务违约处置机制，分地区制定一揽子化债方案，对部分偿债压力大的地方政府督促其与金融机构积极沟通，集中到期债务削峰、缓释偿债风险，用 5 年左右时间，将隐性债务逐渐化解完毕。

化债本质是收敛地方公共债务风险的过程，在微观上，涉及具体债务的项目和城投公司要能够实现债务和资产的循环；在宏观上，债务规模适度并支持经济社会可持续发展。在高质量发展的框架内化解地方政府债务问题，监管应当立足于做大偿债财力总量、引入各类资金活水，优化债务结构和行为监管等方面，虽然化债具体方式不同，但总的来看可归纳为两条路径：一是财政收入偿还；二是通过金融机构支持展期。不管走哪条路，都需要二者密切配合，确保风险识别与管理政策目标一致，强化长效机制建设，避免政策效果相互掣肘抵消（见表3－4）。

表3－4　　　　　　中央和地方政府化债的主要举措

	中央	地方
财政	短期：七种化债方案，一揽子化债方案；再融资债券；超长期特别国债	争取中央支持政策（主要包括特殊再融资债置换和银行贷款置换等）；强化预算约束，确保财政资源的合理使用；管控政府投资项目，调整投资结构，确保与高质量发展匹配；推动化债方案落地；妥善处理存量债务和在建项目后续融资，积极降低存量债务利息负担。多省份已经制定了“1＋N”化债方案
金融	央行提供的专项借款（城中村改造、保交楼等）	设立债务风险化解储备金（陕西省）；设立区域稳定发展基金（总量）；市场化债务重组（行为）

（3）强化日常监督。

为建立全方位、常态化的监督体系，财政部负责对直属驻36个地区（不含西藏）专员办下发《财政部驻各地财政监察专员办事处实施地方政府债务监督暂行办法》（财预〔2016〕175号），要求其履行属地债务的日常监督工作职责，并督促地方政府落实相应管理责任，监督的内容包括：地方政府债务限额管理、预算管理、风险预警、应急处置以及地方政府和融资平台公司融资行为。对债务风险事件进行核实分析后向财政部报告，建立发现一起、查处一起、问责一起的机制。

2023年，国务院进一步加强对融资平台公司风险监管工作，在相关部委和地方分设金融支持化解地方债务风险工作小组，引导金融机构按照市场化、法治化原则与融资平台公司协商处置债务。2023年6月，中国银行间市场交易商协会发布《关于进一步发挥银行间企业资产证券化市场功能增强服务实体经济发展质效的通知》（中市协发〔2023〕107号），明确对债务压力较大地区的企业开展资产证券化融资。2023年8月，中国人民银行、金融监管总局、中国证监会在联合召开的电视会议上要求：统筹协调金融支持地方债务风险化解工作，丰富防范化解债务风险的工具和手段，强化风险监测、评估和防控机制，推动重点地区风险处置。

（4）综合治理，防范系统风险。

地方政府债务涉及主体多、链条长、风险管理难度大，需要监管部门协同发力。2019 年 6 月，国务院对债务化解中各地金融机构和融资平台的任务做了进一步明确。国务院各机构协同配合，针对隐性债务资金流动及风险传导路径开展综合治理。2019 年，银保监会发布了《关于配合做好防范化解融资平台到期存量政府隐性债务风险工作的通知》（银保监发〔2019〕45 号）对项目打捆、融资置换、周转便利类金融工具使用等行为进行规范。国资委监管 2021 年 2 月发布了《关于加强地方国有企业债务风险管控工作的指导意见》（国资发财评规〔2021〕18 号）的通知，要求各地国资委对所辖企业严控资产出表、表外融资等行为，防止债务风险交叉传导。2021 年 7 月，《银行保险机构进一步做好地方政府隐性债务风险防范化解工作的指导意见》（银保监发〔2021〕15 号）要求金融机构提供融资时应查询前述财政部融资平台公司债务及中长期支出事项监测平台，对涉及隐性债务的融资平台不得提供流动资金贷款或类似性质的融资。

在此期间，央行加强与财政部门的协调配合，密切跟踪监测银行资金投入地方政府融资平台的新情况、新特点，自 2011 年将货币政策由宽松调整为稳健，通过收缩流动性大幅拉升银行间货币市场利率，加强信贷风险预警提示，使得过度放贷的情况得到遏制。开好地方政府规范举债融资的前门，依法合规推进重大项目融资。加强对金融稳定再贷款的日常监测和管理，分类采取多种有效措施加大再贷款清收力度，抓住有利时机与有关部门、地方政府和借款机构积极协商，最大限度收回再贷款，依法维护央行债权，同时，做好金融稳定相关资产管理工作，积极督促并支持受托机构加快金融稳定相关委托资产处置进度。宏观杠杆率持续过快上升势头得到有效遏制。2022 年下半年，国内经济面临较大“三重压力”，在坚持稳健的货币政策的基础上，人民银行、发改委、财政部等部门分工合作，支持设立两批次政策性开发性金融工具共 7399 亿元，实现信贷、财政资金联动，更好促进投资效率和社会效益的平衡。央行推动制定《金融稳定法（草案）》，提出国家设立金融稳定保障基金，作为处置金融风险的后备资金，运用再贷款为金融稳定提供流动性支持，此外，央行充分运用结构性货币政策工具，建立“金融机构独立放贷、台账管理，人民银行事后报销、总量限额，相关部门明确用途、随机抽查”的机制，联通了金融机构贷款和央行再贷款“两本账”，这些举措对建立包括隐性债务在内的重大风险防范化解的长效机制具有重要意义。

通过上述制度框架，地方政府债务监管力度持续加大，地方政府法定债务本息均能按期足额兑付，隐性债务总体风险水平得到显著改善，债务率、负债率等指标均低于国际通行的警戒线和欧美国家水平，地方融资平台在数量上大幅精简，一些融资平台已通过不断探索转型走上高质量发展之路，但一些地方政府仍然出于种种目的违法违规举借债务，如何确保在规范举债的基础上，实现债务风险可控的同时促进地方高质量发展已成为新时代地方政府债务管理的重要目标。

（三）地方政府性债务监管总体形势

1. 法定债务风险形势

（1）债务规模合理增长，市场化水平不断提升。

2023 年以来，为有力支持经济持续向好发展，我国继续实施积极的财政政策，地方政府债务规模保持合理增长，2023 年 1—8 月，地方政府债券累计发行 1573 只，共计 6.3 万亿元，其中：一般债券 2.13 万亿元，专项债券 4.17 万亿元，融资金额较上年同期增长 4.2%。同期，地方债发行机制也在不断健全，2022 年 3 月，财政部发布“财政部 - 中国地方政府债券收益率曲线”，一些经济发达地区发行债券开始“换锚定价”，利率分化更合理体现了各地的债务风险。2023 年 1—8 月，地方政府债券平均发行利率为 3.05%，较 2021 年同期下降 34bp，且受到人民银行下调金融机构存款准备金率等因素影响，发行人融资成本总体呈下降趋势（见图 3 - 2）。从发行期限看，2020 年以来，10 年期以上的长期债券占比始终在50%以上，2023年1—8月，地方政府债券平均发行期限13.23年，较2022年同期减少0.23年。其中，一般债券7.71年，专项债券16.05年（见图3－3）。

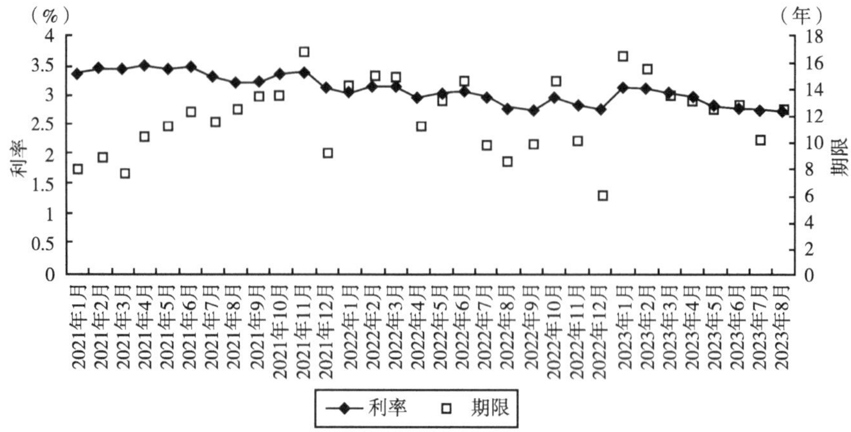

图3－2　2021年1月—2023年8月地方政府债券平均发行期限及利率变化情况

数据来源：财政部政府债务研究和评估中心。

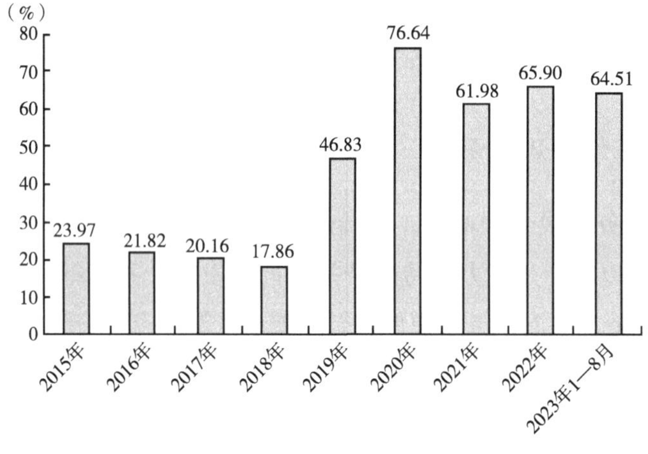

图3－3　2015—2023年（1—8月）10年期及以上债券占比

数据来源：财政部政府债务研究和评估中心。

按照《关于对地方政府债务实行限额管理的实施意见》（财预〔2015〕225号），地方债额度要由国务院根据国家宏观经济形势等因素综合判定，并报全国人民代表大会批准，在2024年积极财政政策“适度加力”的背景下，地方债仍将维持必要的规模，专项债用作资本金范围会按照中央经济工作会的要求“合理扩大”。同时，为了加快专项债使用进度，尽快形成实物工程量，由全国人大常委会授权，由国务院在当年新增地方政府债务限额的60%以内，提前下达下一年度新增地方政府债务限额，近年来每年提前下达金额均在2亿—2.5万亿元。

法定债务对拉动地方经济增长，补齐地方基础设施建设短板发挥了重要作用，近年来，我国更是通过加大转移支付力度、发行特别国债等措施在优化央地财力分配结构的同时，有力促进了地方的高质量发展。

（2）负债率整体水平可控，地区间利率分化不大。

在举借环节，截至2022年末，我国地方政府债务余额25.1万亿元，地方政府债务规模控制在全国人大批准的限额37.6万亿元之内，地方政府债务与同期中央政府国债的合计数为60.7万亿元，按照国家统计局公布的2022年GDP数据121.0万亿元计算，政府负债率为50.2%，与主要经济体国家相比：低于欧盟《马斯特里赫特》条约60%的警戒线，也低于世界主要及新兴市场经济国家水平，如：日本为260.1%、美国为121.3%、英国为101.9%、加拿大为107.4%、印度为81%、巴西为85.3%①。

从年度发行量看，2023年1—8月，地方政府债券发行规模为63031.80亿元，其中：按债券类型分，发行一般债券21339.54亿元，发行专项债券41692.26亿元；按债券性质分，发行新增债券36849.07亿元，发行再融资债券26182.73亿元。从发行地区看，广东、山东、江苏、四川2023年内发行规模均在4000亿元以上；从发行期限看，江西、广东、四川、山东的平均期限在15年以上；从出行利率看，2023年地方债利息支出12288亿元②，超出2023年国债利息支出约4688亿元③，除江西利率在3%外，还有山西、山东等12个省市利率在2.9%以上，但整体分化不大（见图3－4）。

---

① 详见：国际货币基金组织2023年10月发布的《财政监测报告》，https：//www.imf.org/en/Publications/FM/Issues/2023/10/10/fiscal－monitor－october－2023。

② 数据来源：财政部预算司。

③ 根据中国财政科学研究院地方财政经济运行调研组发布的《财政经济行稳致远：政策＋改革——2023年地方财政经济运行调研报告》数据，国债利息支出2023年约为7600亿元。

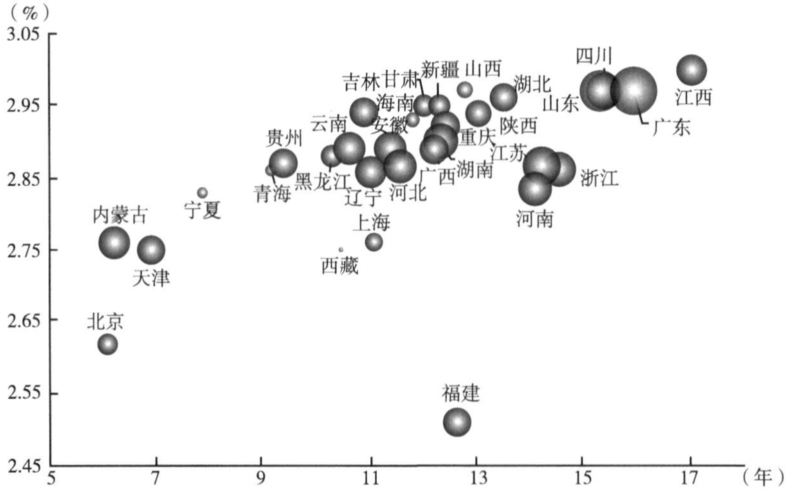

图 3-4　2023 年度内各省市发行债券规模、期限及平均利率分布

（3）服务稳增长、扩投资目标有效。

在使用环节，2023 年专项债主要投向交通基础设施、能源、农田水利等十大领域，2023 年 1—8 月，新增地方政府债券投向中，市政建设、产业园区和交通类基础设施类合计 1.79 万亿元，占比接近五成（见图 3-5）。

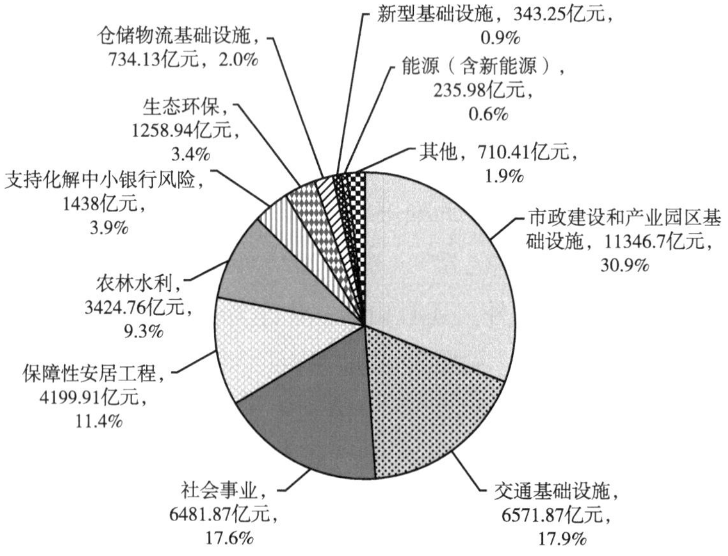

图 3-5　2023 年 1—8 月新增地方政府债券主要投向

从偿还情况看，2023 年 1—8 月，地方政府债券偿还本息金额合计数为 34665 亿元，其中到期偿还本金 26205 亿元，占比 75.6%，支付利息 8460 亿元，占比 23.4%。偿还本金部分中通过发行再融资债券偿还 23727 亿元，安排财政资金等偿还 2478 亿元。8 月当月偿还地方债到期本金 5913 亿元。

（4）个别地区债务风险需重点关注。

虽然各省政府债务风险总体可控，但个别地方债务率偏高，债务还本付息处于历史高峰期，2023 年地方债利息支出 12288 亿元①，超出 2023 年国债利息支出约 4688 亿元②，偿债压力较大。内蒙古在《2023 年预算执行情况和 2024 年预算草案报告》中提出，基层可统筹化债资源总体不足，结构性风险、短期流动性风险凸显，政府债券还本付息、隐性债务化解和暂付款消化等各种刚性支出叠加，加大了基层“三保”风险。辽宁、黑龙江提出，地方政府债务结构性风险突出，地方债务、金融等风险相互交织，防范化解风险任务重。福建、河南、宁夏提出，进入偿债高峰期后，部分市县到期债券本息占财力比重较高，还本付息压力较大。江西指出，个别地方违规举债、虚假化债仍有发生，政府债务压力较大。

2. 隐性债务风险形势

通过债务展期、置换、核减、抵消、转移等治理措施，我国地方政府隐性债务扩张的趋势得到有效遏制，存量不断消减，风险传导的链条已被阻断。2023 年 2 月 16 日，刘昆在《更加有力有效实施积极的财政政策》中提出：防范化解地方政府债务风险。坚持“开正门、堵旁门”，遏增量、化存量。完善常态化协同监管，坚决禁止变相举债、虚假化债行为。截至 2023 年 10 月，27 个地方已发、待发的特殊再融资债券规模合计达到 10126 亿元用于偿还地方政府存量债务、部分拖欠企业

① 数据来源：财政部预算司。

② 根据中国财政科学研究院地方财政经济运行调研组发布的《财政经济行稳致远：政策 + 改革——2023 年地方财政经济运行调研报告》数据，国债利息支出 2023 年约为 7600 亿元。

的账款等。同月，全国人大常委会通过新增国债及预算调整决议。将于2023年四季度增发国债1万亿元，全部通过转移支付方式安排给地方，以缓解地方政府财政压力，这将使得地方有更多的财力用于化解风险。但在个别地方，隐性债务的一些新形式、新套路也有所抬头。

2021年，《银行保险机构进一步做好地方政府隐性债务风险防范化解工作的指导意见》（银保监发〔2021〕15号）要求，金融机构不得对承担地方政府隐性债务的城投公司新增流动性融资支持，不得通过信托资金、流动资金贷款或其他流动资金贷款性质的融资置换存量隐性债务。以此防范流动性贷款被用于建设投资，在此背景下，一些较为依赖地方政府的城投公司转而更多地采用非标融资，客观上加重了部分偿债压力较大地方的风险，一定程度上出现马太效应，根据企业预警通对31个省、自治区、直辖市城投公司2022年度融资情况的统计，9个省级地区的非标融资规模较2021年度有所增加，其中，浙江、福建、湖北、广东增量都在百亿元以上，浙江达到493.96亿元。各地2023—2026年度偿债压力及非标融资变化情况见表3－5。

表3－5　各地城投公司2023—2026年度偿债压力及非标融资变化情况

序号	地区	2023—2026年度债券到期金额（亿元）	金额占比（%）	2022年度较2021年度非标融资增长（亿元）
1	合计	120131.81	100	－3760.15
2	江苏	26373.67	21.95	－207.79
3	浙江	14204.33	11.82	493.96
4	山东	10561.24	8.79	－162.62
5	四川	6956.14	5.79	－772.94
6	湖南	6079.04	5.06	－259.91
7	江西	5352.71	4.46	－261.31
8	河南	5196.94	4.33	－7.29
9	广东	5090.44	4.24	194.25
10	湖北	4796.74	3.99	169.08
11	安徽	4716.31	3.93	－384.79
12	重庆	4648.53	3.87	－57.12

续表

序号	地区	2023—2026 年度债券到期金额（亿元）	金额占比（%）	2022 年度较 2021 年度非标融资增长（亿元）
13	天津	3901.80	3.25	-289.53
14	北京	3196.21	2.66	-73.64
15	福建	2977.02	2.48	107.08
16	陕西	2523.31	2.1	-70.35
17	上海	2142.94	1.78	86.63
18	贵州	1928.39	1.61	-212.37
19	河北	1790.58	1.49	-256.97
20	云南	1731.41	1.44	-833.09
21	广西	1659.90	1.38	-473.01
22	新疆	1172.95	0.98	5.35
23	山西	1006.23	0.84	-102.54
24	吉林	659.7	0.55	-94.74
25	甘肃	461.29	0.38	4.75
26	辽宁	233.35	0.19	-52.08
27	黑龙江	225.28	0.19	-121.35
28	宁夏	203.3	0.17	-5.22
29	西藏	131.17	0.11	-14.50
30	内蒙古	115.3	0.1	-120.72
31	青海	64.6	0.05	4.93
32	海南	31	0.03	7.70

数据来源：企业预警通。

以上只是机构根据公开数据的统计结果，从国际上看，多数国家对国有企业的信息披露往往低于上市公司的要求，按照企业预警通的统计，截至 2024 年 3 月 2 日，共有融资平台 12345 家，其中省级平台 541 家，地市级 3595 家，区县级 8209 家，评级在 AAA 以下（不含）的企业有 389 家，在国内资本市场上市的不到总数的 5%，虽然几乎所有国有企业均需编制年度报告和经审计的财务报表，但对于相关债务一般并未规定其最低限度的披露内容，非上市企业的信息披露质量和透明度普遍较弱，债务风险预警机制尚不健全，地方财政部门对企业的举债缺少审批权限，对违规举债的企业责任性质难以界定，监督问责力度有待进一步加大，这也在一定程度上使得一些融资平台怀揣侥幸心理，忽视地区和企业的实际债务承受能力过度融资，甚至欺诈发行债券、虚假披露信息，近三年，全国各地城投平台下逾期的非标债务数量一共达到134只，因此，与融资平台相关的隐性债务所带来的整体风险仍不容小觑。

综合来看，我国地方政府债务的风险是可控的，虽然我国地方政府债务与发达国家一样都是靠财政收入偿还，但与国外政府债务不同的是，我国地方债还有资产（土地使用权）抵押，当前的债务风险只是在地价下行威胁信用背景下的阶段性产物。实际上，次贷危机时，美国政府的量化宽松是在债券处于低价打折阶段，在市场上购买政府债券的同时按1∶1购买了MBS住房抵押债券①，减轻高息压力，避免了债务违约，更让投资人重树了政府会保障偿还债务的预期。

债务风险大小不仅在于杠杆水平的高低，更在于规划与投资决策的机制和质量。未来，随着新一轮财税体制改革的启动，政府债务限额管理、预算管理、风险预警及应急处置机制等将持续改进，同时，地方政府投融资权限与决策机制也有望进一步优化，这些因素都将会对我国地方政府债务风险控制发挥积极作用。

3. 监督管理方面

首先，对于地方债管理中的痼疾需要突破，主要包括：一是部分地方政府急功近利缺少中长期统筹规划，超出财政承受能力谋政绩、铺摊子，或认为债券资金对当下来说没有成本，偿还是后任的事，重申请轻管理。二是部分地方政府对政府投资项目主体责任不落实，对融资形式、偿债风险等疏于分析管控，部分地区个别项目规划不当等原因推进不力，债务资金闲置；此外，债务发行量增长，偿债负担加重导致债务的结构性矛盾。三是个别金融机构仍存在兜底幻觉，中央银行用各种政策工具释放出来的流动性，由于传导机制缺陷部分转为城投债和房地产

① 住房抵押贷款，允许借款人从商业银行或其他金融机构获取资金购买房产或土地，借款人需以房产或土地作为抵押品。

业融资。加之政府投资项目规模大，利率弹性小提升个人业绩容易，一些金融机构违背市场化原则，违法违规提供鉴证服务、融资支持等。四是国有企事业单位不规范参与项目建设、不实化债现象需要引起重视，如：通过各类建设项目，政府将债务相关资产转移至企业，由第三方公司针对资产运营出具预期收益评估报告，通过置换企业存量债务将隐性债务偿债压力转移给企业，由平台公司以经营收入代替政府还债，通过资金周转化债等，这些手段通常较为隐蔽，方式不断翻新，以往主要通过一事一议的审计、问责等手段加以纠正，遏制隐性债务增量的制度政策难以及时更新。个别地区一旦债务违约风险叠加累计容易对经济造成冲击，损害人民群众利益。

其次，地方政府债务建设项目涉及利益主体多，范围大，债务监管需要整体谋划各类政策协同发力，防止头疼医头脚疼医脚。如：对于既有政府性基金收益，又有专项收入的重大项目，允许社会资本参与项目配套融资，这一举措体现了政府创新治理的意志，但在实施落实中，不仅需要政府的引导，更需要充分发挥市场的机制。但目前，专项债资金、政府引导资金与市场化资金尚未形成有效协同模式，甚至在一些经济基础好、负债水平低的政府，部分债券资金、国有企业投资对社会资本投入形成一定挤出效应。

再次，政府债务监管信息系统需要完善。目前，现行和隐性两类债务分置于二套信息系统内，分平台进行统计监管，增加了管理维护成本，也难以获取地方未偿付债务、或有负债的全面准确、口径一致的信息，进而难以对偿债能力作出客观评估，会妨碍借款人和债权人正确评估风险，做出明智的借贷决定，无形中增加举债成本。隐性债务下偿债能力和债务困扰风险更加难以评估，造成化债工作复杂化，在极端情况下，债务风险事件爆发可能在某些条件下产生共振，导致风险效应叠加，对经济造成严重冲击。

最后，发现风险问题精准性有待提高。地方政府融资平台涉及领域广，种类数量多，对收入与往来款项、政府债务、企业负债的边界难以界定，债务属性不清晰，确认难度大，需要有针对性地从法定及隐性债务全局谋划、统筹监督，将监管关口前移，同时要考虑到地方政府债务对经济社会发展的重要作用，合并监管政策应在总结前期各地经验探索的基础上循序渐进，不断提高监管的响应在速度，及时针对各类新情况、新问题出台应对措施，完善创新方式方法，提升监管的规范性、有效性，保持监管政策稳定性的同时形成长效机制。

第四章

加强地方政府债务风险管控的政策建议

地方政府债务管理是一个多层次、多阶段的过程，涉及短期、中期和长期的重点工作。需要从限额管理、预算管理、风险评估与预警、应急处置机制、常态化监管、信息公开等方面系统整理分散于各类政策文件中的规则，分析现行债务管理政策的适应性及改进方向，优化监管机制，切实减少杜绝监管套利行为。

一、短期：加强流动性管理，着力解决高风险地区债务问题

（一）精准识别债务风险，关注重点地区化债进程

按照2023年中央经济工作会的决策部署，财政政策要发挥逆周期效用，“统筹好地方债务风险化解和稳定发展”，即在政策目标上，要实现有效应对异常复杂严峻的国际形势的同时，保障国内改革及经济社会稳定发展。在政策取向上，财政政策要落实结构性减税降费的同时通过扩大财政支出规模稳预期、稳增长、稳投资，在政策工具上，收入端通过政府性基金、国有资本经营预算调入一般公共预算，动用预算稳定调节基金、发行使用地方债、国债等各类手段及资源，与支出端财政补助、财政贴息等政策工具灵活组合使用，对财政发挥好逆周期、跨周期调节作用，有效应对债务风险意义重大。此外，对于重点地区的债务风险应研究隐性债务化解的过渡方案，尽快出台针对性措施积极化解债务。

一是指导督促地方政府全力化解债务。地方政府应明确化债任务、压实偿债的主体责任，确保“谁举债、谁负责”；启动资产清查，全面摸清家底。对地方行政事业单位资产情况进行全面清理和核查，解决折旧未提、资产未录入、划拨资产未接收等账实不符问题，全面、真实、动态地反映资产质量，在此基础上，要求地方政府全面梳理可偿债资

源，实施债务清偿与对应资产的清单化管理。对于隐性债务，严格控制增量，对应付工程款、政府购买服务、疫情防控形成的隐性债务，这类债务最接近市场主体，很多债权人是民营中小企业或个体经营者，考虑其抗风险能力弱，应当尽快通过财政资金偿还化解完毕。对于政府投资基金、PPP 项目等产生的隐性债务，建议对预期无法及时足额偿还的要暂停项目及时叫停，按照与社会资本方收益共享、风险共担的原则，开展市场化处置，充分运用授予特许经营权、盘活资产等方式清理，对于短期内无法偿还的，纳入中长期债务规划。对已到期尚未偿还的银行及非金融机构贷款、融资租赁等各类债务，其涉及金融机构持续运营和地区金融稳定，可通过发行再融资债券、特别国债等加以支持。同时，统筹各级财力，引导地方政府通过控制项目规模、压缩公用经费、用好存量资金、处置存量资产等方式，多渠道筹集资金化解债务。加强偿债资金的集中统一监管，加大对财政存量资金的清理统筹，建立专项债收益的提前偿付机制。对于仍无法有效化解的债务存量，按照债务性质、影响范围、预期风险后果等提出隐性债务风险事件级别及应急响应的完善措施，适时启动债务风险应急处置预案和责任追究机制。

二是指导督促地方政府积极防范风险。督促地方通过建立健全债务管理和防控机制，强化责任意识，确保债务风险防控工作落到实处。地方政府应做好项目前期谋划储备，高质量申报储备项目，确保专项债券资金能够及时有效地支付到关键领域。同时，加强新增债券资金的分配、拨付、使用全过程监管，健全项目管理，强化债券资金投后管理，确保资金按时支付并达到预期效果，杜绝以拨代支。地方政府应加强债务风险动态监测预警，严格落实债务风险管控措施。对于高风险地区及时作出预警提示，确保风险早发现、早报告、早处置，防止违约支付风险。

（二）研究建立全口径的地方债务监测监管体系，加强债务风险监测和评估

以债务率、偿债资金保障倍数等为抓手，明确各类隐性债务在地方

政府、金融机构及企业的传导机制及演化路径的基础上，完善债务风险监测评估体系，构建不发生系统性风险前提下的显性和隐性债务一体化的风险评估预警指标，强化对异动指标的监控督导，对高风险地区进行更加严密的风险评估和监测，确保及时掌握债务风险动态变化，并分级施策应对。

完善债务风险监管指标设置，增加按投资者类型划分债务存量、中央与地方债务之和占房地产市值或当地主导产业资产总量的比，以显示债务给纳税人带来的负担规模，若以房地产市值作比，根据国际经验，该比重不应超过10%①。

补充多角度反映偿债能力的指标，如本级一般公共预算收入或基金收入与对应债务余额的比重。

补充隐性债务风险指标并纳入统一监测体系，对融资平台的财务风险、地方隐性债务风险事件数量、涉及资产、预期损失等设计指标加以合理反映。

将融资平台公司和各类国有企业纳入监测范围，全面动态掌握国有企业债务、资产、经营等情况。

考虑短期指标（如：年度偿还债务金额占实际平均债务的百分比、净自筹资金占实际平均债务率的百分比）的考核影响，结合债务规划，确保短期和长期目标的平衡，避免过度强调在发行债券、化解隐性债务的过程中地方政府急功近利、虚假化债的短视行为。

（三）改进限额管理

目前全国人民代表大会或者其常务委员会批准的地方政府债务总限额主要是发行地方政府债券形式的法定限额，未来在科学量化各地区债务风险、财力状况等因素的基础上进一步完善限额管理。地方新增债务限额测算主要按照《新增地方政府债务限额分配管理暂行办法》（财预〔2017〕35号）的要求“根据各地区债务风险、财力状况等，并统筹考

① 详见：Debt Policy Template（https：//www. gfoa. org/materials/debt - policy - template）。

虑中央确定的重大项目支出、地方融资需求等情况，采用因素法测算”。具体公式如下：

某地区新增限额 = ［该地区财力 × 系数 1 + 该地区重大项目支出 × 系数 2］ × 该地区债务风险系数 × 波动系数 + 债务管理绩效因素调整 + 地方申请因素调整

其中：系数 1 和系数 2 根据各地区财力、重大项目支出以及当年全国新增地方政府债务限额规模计算确定。用公式表示为：

系数 1 = （某年新增限额 − 某年新增限额中用于支持重大项目支出额度）/（$\sum i$ 各地政府财力）

i = 省、自治区、直辖市、计划单列市

某地区政府财力 = 某地区一般公共预算财力 + 某地区政府性基金预算财力

某地区一般公共预算（政府性基金）财力 = 本级一般公共预算（政府性基金）收入 + 中央一般公共预算（政府性基金）补助收入 − 地方一般公共预算（政府性基金）上解

系数 2 = （某年新增债务限额中用于支持重大项目支出额度）÷（$\sum i$ 各地重大项目支出额度）

债务风险系数反映地方政府举债空间和偿债风险，根据各地区上年度政府债务限额与标准限额等比较测算。

上述分配方式统筹考虑了财力、风险、绩效等因素，为各地新增债务限额的科学分配提供了依据，但在实践中，由于省级政府发债、市县政府使用管理的模式下，一定程度上存在“重申请、轻管理”的问题，即举债需求与对存量债务的偿还与管理能力的匹配仍有待在分配环节进一步优化。同时，对波动系数、债务管理绩效因素调整、地方申请因素调整等参数需要更加统一、明确、细化的标准，以体现地方经济发展潜力、财力可持续等因素及分配环节的激励约束作用。另外，如何统筹存量债务也需要深入研究，截至 2023 年底，地方债务结存限额为 1.4 万亿元，较上年末下降 44%，对这部分可在给地方一定比例留用的基础上，剩余部分由中央财政分配依法盘活债务限额空间化解置换隐性债

务。最后，建议从中央层面进一步丰富债务限额的内容，除了绝对额的限制，建议补充考虑债务与地区国民可支配收入（财产）、债务占一般公共预算（政府性基金）的比重等指标的限制，以进一步促进债务管理与统筹的科学化。

（四）进一步实施差异化、精细化的债务管控措施

完善债券发行管理制度，优化一级发行和二级市场交易的规章和程序，明确央地债务事权管理。区分在建项目和新建项目的融资需求，杜绝将无关联关系的项目相互“打捆”发债，按照“谁投资、谁获益”的原则明确资产和收益权属，建立健全相关统计报告制度。细化将财政专户收入、企业经营性收入作为专项收入的调入条件和程序，明确项目在还本付息期之前取得的收益只能用于偿还债务，并具体规定提前偿付的相关程序。

二、中期：注重结构优化、成本控制和信息质量

（一）中央层面

1. 优化中央政府职责

在地方政府债务监管中，中央财政、金融、审计等监管机构各自承担着不同的职责和权力，以确保债务管理的规范性和风险的可控性，未来应进一步以法条的形式清晰界定中央财政、金融、审计等监管机构的权责。原则上，政府各机构的主要职责如下：

一是全国人大及其常委会作为立法机关，主要负责制定和修订相关法律法规，为债务监管提供法律基础；对地方政府债务管理进行监督和质询。二是财政部，主要负责制定地方政府债务管理的政策法规；监督

地方政府的债务限额和债务结构；审核和批准地方政府的债务发行计划；管理中央与地方的财政转移支付，调控地方政府的财政能力和债务水平；建立债务风险预警系统，制定应急预案，以应对可能出现的债务风险事件。三是金融监管机构（中央银行、金融监管局、证监会等），主要负责监管地方债券市场，确保地方政府债券的发行和交易符合规定；监督金融机构，防止违规融资行为；评估和管理地方政府债务对金融系统的影响和风险。四是审计署，主要负责对地方政府的财政收支和债务管理进行审计，确保合规性和绩效；识别和报告地方政府债务管理中的问题和风险；向政府和公众提供独立的审计意见和改进建议督促地方整改落实。五是发展改革委：监管地方债涉及的固定资产投资和重大项目建设，控制债务资金投向；评估地方政府投资项目的经济社会效益。六是地方政府负责执行中央政府关于债务管理的政策法规；本地区债务的举借、使用和偿还；定期报告债务情况。在地方政府债务监管中，各监管机构需要协调一致，形成监管合力，确保地方政府债务的合理、透明和风险可控。同时，对于基建投资与债务规划的制定、隐性债务化解、债务风险评估预警、违规举债监督问责等监管重点领域，应当进一步细化职责，建立会商机制，确保政策协调，提升监管效率。

2. 优化债务期限结构

引导地方科学安排新增债务结构和期限，为进一步突出代际公平，任何发行的一般债和专项债的债务期限都不应超过资产的使用寿命。此外，考虑地方政府领导对债务的偿还责任，避免未偿还债务向中长期过度延伸造成的压力，地方所有债务的平均加权债券期限应为 10 年或更短[①]。避免债务集中到期、偿债期限和项目收益前错配带来的偿债风险。

3. 完善会计准则制度

当前有《政府会计准则制度》及《财政总会计制度》。在资产端，

---

① 截至 2024 年 1 月末，地方政府债券剩余平均年限 9.1 年。

现行制度下，政府会计制度对资产可收回金额非暂时性下跌至低于账面价值的部分，尚未引入计提减值准备的处理方式；在负债端，对于担保事项、未决诉讼或仲裁、承诺（补贴、代偿）、救助等或有事项形成的负债若是属于单位和部门的则对应在各自报表内反映，并在附注中披露，若是属于财政层面的，只是在《政府综合财务报告》附注“需要说明的其他事项”中予以披露。未来建议对可变现资产部分引入“减值计提”要求，以改善财务报表对偿债能力的反映，对于财政总会计建议在报表中引入“预计负债”，用以核算很可能导致含有服务潜力或者经济利益的经济资源流出、支出义务能够可靠计量的负债，以进一步适应监管需要。在此基础上在附注中引入“关联方说明”，披露地方政府与国有参股、控股企业之间的重大交易。对于机构业务相对简单、财政资金规模小、债务风险相对较低的部分基层政府和部门，可参考原预算会计下只编制资产负债简表的做法，以进一步节约成本，提高工作效率。

4. 统一信息标准

结合实施预算管理一体化，以提高债务信息流转的质量和效率为目标，制定和执行统一的信息标准，促进地方债各类信息的互相融合。

一是财政部制定统一的信息分类标准，主要内容包括：统一债务指标分类标准，满足纵向债务信息共享和交换的需要；统一债券项目分类和盈利能力分析标准，支持项目全寿命周期管理；统一地方债项目监管账户属性、融资、监管服务等信息报送标准；统一产权、建设内容等项目业务信息标准、支持管理精益化、过程化的需要。二是制定预算一体化与各部门建设的业务系统涉及地方债模块的信息集成标准。通过建立集成标准，做好数据衔接，保证债务预算与业务信息能够实时集成共享。三是对政府债务项目的统一分类，建立对应的信息编码体系，对业务类型、主管部门、预算项目科目、工程资产等内容进行统一编码，并与预算管理一体化标准相衔接，满足横向集成、纵向管控的需要。各债务主管部门可在采用统一信息编码标准基础上，进一步细化形成本机构的信息编码标准。

5. 统一业务流程

全面统一债务管理流程，并在信息系统中进行有效固化，形成纵横有序、管理规范、运转高效的工作流程体系，重点规范以下内容：一是财务管理流程。明确省市县三级财务部门，在预算管理、会计核算以及信息标准的制定和调整上的职责权限；二是信息收集流程。明确债务数据中心和应用系统的部署方式，以及各种基础信息数据从预算部门向财政部门、从下级单位向上级单位的流转路径；三是报表编报流程。明确在预算一体化条件下，政府债务信息报表的编制主体、编报方式及编报规则。

在资金管理方面，重点规范以下内容：一是监管专户管理流程。根据项目单位性质，明确债券资金专户开立规则、变更（注销）审批权限以及资金归集路径。二是资金支付流程。明确财政部门、项目主管部门和项目单位在结算管理上的职责界面，以及项目单位的资金支付权限。三是资金计划审批流程。明确债券资金筹措与项目支出预算的衔接方式，以及资金筹措方案的审批程序。

在投资与建设管理方面，重点规范以下内容：一是投资管理流程。明确各类建设项目投资的实施主体、基本方向及审批权限。二是建设与资产管理流程。明确项目主管部门和项目单位向财政部门传递的有关筹建、施工等数据的信息标准和管理程序。三是竣工与运营管理流程。明确项目建成移交后，债券偿还、资产运维、退出等标准程序。

在预算管理方面，重点规范以下内容：一是年度预算编审流程。加强省级党委和政府在政府债务预算编制前期环节的目标预控，明确上下级部门单位之间的预算信息传递路径和管理要求。二是项目评审流程。适应开展政府债务项目预算管理的要求，明确重点投资支出项目的申请、评审、储备和动态维护的管理程序。三是项目收益与偿债管理流程。制定项目收益现金流量预算的编报程序，明确项目全周期预算与年度预算、收益预算与资金结算、筹资方案之间的关系。四是基建财务管理流程。明确基建财务管理模式和信息流转程序，规定财政部门和项目主管部门在基建财务管理中的职责权限。五是分析考核流程。明确预算执行情况分析、绩效评估评价流程，形成完整的预算管理闭环系统。

6. 加强预算偏差考核

建立预算重大偏差事项报告和考核制度。各地财政部门应建立完善对单位的预算偏差事项报告和考核制度。各项目主管部门和单位应在建设项目发生较大变化（发生自然灾害、价格及财税政策调整、市场变化等情况），以及主要预算债务项目收支出现较大波动时，及时向项目主管及财政部门进行专题报告，确保债务预算目标可控、能控、在控。加强预算准确性管理，对客观环境未发生重大变化而实际指标出现较大变化，以及预期指标出现较大变化而没有及时向财政部门进行报告等情况，应严格考核问责。各级财政应加强预算执行过程管理，进一步丰富完善分析考核内容。一是关注项目预算的实施情况，加强预算项目的落地管理，对预算安排与实际执行不一致的单位进行考核；二是关注具体支出与标准成本定额的吻合度，对存在较大差异的环节要深入开展原因分析，优化项目实施和支出标准；三是关注现金流量预算的执行情况，对照预算对资金的实际收益流入与流出情况开展分析。

（二）地方层面

1. 统一举债具体政策

省级党委和政府按照预算法及实施条例等法律法规要求，结合地方特性和现实需要，以提升管理效率和效益、促进依法理财、有效管控债务风险为目标，制定和执行统一的债务管理具体政策，增强举债融资的合规性和使用效益。

一是统一规范举债融资决策。按照国家预算法规政策出台以及地方发展的需要，重点规范举债原则、项目属性与审批权限、投资主体资质、融资渠道、债务资金的开支范围、项目储备入库管理程序和“一案两书”关键技术参数与取值的计算原则标准；折旧、摊销、专项收入上交、涉税事项等财政会计政策；财务报表和报告等会计信息的披露内容、程序等。各市县应根据省级政府统一制定的决策规范开展举债论证工作。遇有新的经济业务或地域性的特殊事项需要明确政策时，应当研究提出政策建议，报请省级党委和政府批准后执行。二是强化举债项目选择的权限管理。省级党委和政府应制定《项目决策规范指引》，系统梳理省以下各级政府所涉及的主要举债审批事项，分别界定为“按省级党委和政府统一规定执行”“向省级党委和政府报批后确定”“可自行选择（备案）”等三类权限。通过对各类项目决策审批权限的清晰界定，保证举债项目决策质量和科学性。

2. 统一成本标准

首先，构建标准成本体系。按照“规范先行、全面覆盖、科学制定、标准统一”的原则，由省级财政部门统一组织，建立政府债务项目的标准成本体系，提升项目单位债务成本管理的科学化、精益化水平。一是规范列支范围。省级党委和政府以预算管理制度为依据，结合项目建设运营特点，梳理成本费用科目，明确列支范围、规范列支渠道，统一明细科目核算口径。二是统一支出标准。地方政府债务资金支持方向涉及交通基础设施、能源、农林水利、生态环保等多个领域，十分复杂。针对这一特点，各类支出标准的统一需要区分项目类型和支出属性分别考虑。以棚改项目为例：前期费用可按用地普测费，土地权属审查和勘测界定，现场噪声振动测试费，考古勘探、发掘、土方清运费，规划综合实施方案编制费等，根据法定标准、历史标准、行业标准或测算得出；基础设施建设费按照工程费、建管费等加以核定。

其次，深化标准成本应用。标准成本体系建立后，应充分发挥对接融资与建设的功能，使资源筹集、分配与建设、运营的实际需求相适应，有效解决债务预算的编制依据和标准问题，增强预算安排的标准化水平。一是提供预算管控标准。财政部门应用标准成本，主要用于核定各项目主管部门和项目单位的成本总控目标以及与债券融资的适配性。

各项目主管部门和项目单位应按财政部门要求准确、及时、完整的提供测算所需要的基础数据。同时，为提高成本总控目标的测定效率，财政部门将按照标准成本体系的框架结构，修订预算编制工具，细化业务参数，项目主管部门和单位应建立包括资产、人员、运营收入、价格等业务的数据库，最终实现标准成本与动因参数相配套，自动生成成本预算。项目主管部门应用标准成本，主要是财政部门确定和下达的成本指标，结合自身实际情况，对成本预算指标进行二次分配。会同项目单位，对项目预算中各明细项目的支出水平进行核定。利用信息平台，对实际支出与标准成本的差异进行分析比较，落实成本管理责任，保证预算执行的刚性和债券及时足额还本付息的需要。各项目单位应用标准成本，主要是根据实际需要，组织本单位管理部门和生产部门开展成本管理，将成本管理责任向一线人员和作业层面拓展延伸，提高成本管控的深度和效果。二是完善成本归集方式。基于政府债务投资建设项目的特点，在标准成本体系框架下，修订成本费用核算科目，进一步按照细化的成本项目明确明细科目的核算范围、内容及口径，规范费用列支渠道。以标准成本为纽带，实现预算与核算、财务与业务的协同一致，同时为后续完善和修订标准成本提供数据支撑。

3. 债券资金池集中管理

以地方各级财政为资金配置和管理调控中心，建立地方债资金结算和归集平台，建立全面集中、统一管控的地方政府债券“资金池”。相对于将发债及项目收益资金直接纳入国库，暂时闲置部分的债券资金的集中可产生一定规模的收益，同时，对于因为期限错配等原因产生的个别项目资金支付需求，也可用资金池将其对应到“周期、利率相近”的暂时闲置资金，一定程度上实现“举债项目”间的应急性统筹。在此基础上，各项目主管部门和单位要按要求规范专户管理，优化资金归集路径，提高资金归集效率；减少资金沉淀，降低债务融资成本。债券资金池专户在各级财政国库集中支付中心设立，开立、销户及变更按债务管理有关规定执行严格审批或备案制度。资金归集采用横向集中、纵向自下而上逐级递次的归集方式。项目主管部门和单位须严格控制将项目政府性基金和专项收入及时横向集中至本级财政债券资金池。省以下各级财政按照资金池账户的设置级次，由资金池递次纵向归集至省级资金池一级账户。省级财政部门以预算管理为基础，强化债券融资管理，进一步加强融资管控，优化融资周期结构，降低融资成本，防范融资风险，保障地方投资建设资金需求。

4. 加强基建投资基础管理

健全完善基建财务管理的制度体系和管理模式，将其贯穿于工程管理的各个环节，增强基建财务的管理效果。

一是加强基建财务制度体系建设。修订完善工程管理规章制度，将基建财务管理融入项目可研审查、概预算编制、工程招投标、重要合同签订、设计变更、工程结算以及竣工验收等工程管理全过程，全面掌握工程建设信息，切实发挥基建财务的作用。二是科学编制债务资金支出预算。改变单纯依据当年投资计划估算债务资金需求总量的传统做法，转为根据融资结构、工程进度、合同条款、往年支出结转情况，对具体项目的资金支出时间及额度进行逐项预测，科学编制和执行年度债务资金支出预算，减少债务资金占用，避免资金闲置。三是建立地方债项目财务稽核和后评估机制。开展工程财务稽核，掌握项目单位工程管理内控制度和工程财务管理办法执行情况，分析工程资金到位、管理使用和偿债情况，寻找工程资金使用的薄弱环节，持续改进基建财务管理工作。加强对重要建设项目的后评估，通过对项目立项事前评估和投运后的经济、技术等指标进行分析测算，对指标差异较大、未能按预期偿债的投资项目分析原因，为后续项目的投资决策提供可靠的参考意见。四是推动成本管理关口前移。做好工程可行性研究阶段的举债投资控制工作，财政部门配合建设管理部门对影响工程造价的重大技术经济因素进行充分论证，开展多方案技术、经济比选，并对项目的经济效益和偿债能力进行研判，从源头节约工程投资。在工程设计阶段，通过技术比较和经济效益分析，不断优化设计方案，在技术先进、可靠的前提下，降低建设和运行成本。概预算编制应做到依据充分，不得自行增加国家没有规定的项目和费用，不得计列与工程建设无关的项目和费用。

5. 推行现金流量预算管理

建立和推行现金流量预算管理机制，以年度预算为核心，对全年债券项目资金收支做出全局性、基础性的安排；以资金预算为支撑，合理安排现金收支的时间序列分布，提高年度预算的执行能力，并为合理编制融资计划提供依据。

在实际安排上，债券项目实施现金流量预算管理的初期，以编制和执行月度预算为主。随着管理经验的积累和工作手段的提升，鼓励各项目主管部门和单位逐步过渡到以旬（周）或日为单位的更加精细的管理方式。

各项目主管部门应定期对现金流量预算的执行情况进行认真分析，不断提高现金预算编制和执行的准确性。对现金流量预算执行偏差较大的单位，财政部门应当予以通报并督促整改。

三、长期：构建提升监管效能的长效机制

一是贯彻新发展理念。引导地方政府树立正确的政绩观，统筹规划建设项目，长远科学考虑当前财力和可持续性，有效防止一边化解、一边新增。

二是完善地方政府债务监管治理框架，健全地方政府合法举债机制。结合“十五五”规划，科学评估风险偏好，制定事权与支出责任相匹配的全面债务管理中期规划（MTDS），没有债务规划，地方的工作重点仅限于在不超过债务限额的情况下最大限度地增加年度支出。根据财政政策逆周期调节和可持续的要求，制定明确的债务管理目标以及预计的资金需求，合理确定政府债务规模，优化债务限额确定机制。完

善政府债务风险评估指标体系，科学评估各级地方政府偿债能力，建立健全政府债务与项目资产、收益相对应的制度，明确专项收入调入机制。

三是发挥跨部门监管合力。避免多头监管，杜绝监管套利、监管真空。各地财政部门履行地方政府债务法定监督职能，实行常态化监督，审计署依法履行审计职责。结合地方党政领导干部经济责任审计和政策落实情况跟踪审计，加强对地方政府债务情况的审计，省级单位和政府对本地区地方政府债务负总责，发改委、人民银行、银保监会、证监会等加强各自领域的业务监管，强化对金融机构、中介机构、融资平台公司等违规举债查处问责。高风险地区地方政府在提交预算草案时应同时提交债务管理报告，就债务管理的成效、问题接受人大审查。对地方债项目、债券发行等前期论证提供虚假信息的项目单位加大惩戒问责力度，对滥用评价方法，作出不实结论，超出胜任能力的中介机构给予严厉打击，加大问责结果的公开力度。

四是深化财税体制改革。持续推进中央与地方财政事权和支出责任划分改革。完善转移支付机制，通过区域合作和资源共享，优化财政收入分配，促进区域均衡发展、财力协调，进一步健全地方税体系，深化投融资体制改革，把好现金流和还款能力的监督审核关，让金融回归服务实体经济本源。推进地方政府债务信息公开，完善以权责发生制为基础的政府综合财务报告，推动债务部分会计统计标准与国际接轨，形成市场融资自律机制，推进政府债务立法，对地方政府债务实施保险制度，切实降低发债成本，提升融资主体信用，拓展融资渠道，探索国际市场发债的可行性，进一步丰富债券品种。

五是建立市场化、法治化的债务违约处置机制。明确地方政府债务违约的定义、处置程序、责任追究等方面的规定，强化债权人保护机制，确保债权人在债务违约处置过程中的合法权益，包括参与决策、获取信息、索赔等，鼓励通过市场化手段对违约债务进行重组，如债务置换、展期、减免等，以合理延长债务期限、降低债务成本。建立债务违约应急基金：设立专项基金，用于应对地方政府债务违约事件，保障债权人利益，维护市场稳定。

第五章

适应新形势下监管要求的地方政府性债务审计：应用模式与工具方法

本章旨在设计审计监督标准流程与方法。充分借鉴地方政府债务专项审计和预算执行情况审计等方面的工作经验，针对地方政府性债务审计工作中的重点和难点，设计地方政府债务监管的方法、工具，嵌入到国家审计监督机制当中，其目标是与各类型监督机制相互融合，形成长效机制，保障地方政府财政健康可持续。

一、地方政府性债务审计监督总体进展

2009年以来，审计署在预算执行审计、重大政策措施落实情况跟踪审计、经济责任审计和专项审计工作中，持续关注政府债务管理和风险情况，通过不断探索积累了丰富的经验。

为充分发挥审计监督的风险防范作用，2021年新修订的《审计法》中增补规定：审计机关履行审计监督职责，发现经济社会运行中存在风险隐患的，应当及时向本级人民政府报告或者向有关主管机关、单位通报。强化了审计监督在防范重大风险和促进改革方面的重要作用（刘力云，2022），作为确保财政健康、预防和控制经济社会风险的重要工具，政府债务审计是题中应有之义。

地方政府性债务审计始终聚焦我国经济社会发展各个时期的阶段性矛盾，统筹平衡有效防范化解重点领域风险和促进高质量发展的现实需要，围绕牢牢守住不发生系统性风险的底线，就地方债务管理中出现的新情况和新问题提出具体工作要求。

在2023年5月23日召开的二十届中央审计委员会第一次会议上，习近平总书记要求："审计工作要聚焦统筹发展和安全。发挥好经济运行'探头'作用，密切关注地方政府债务、金融、房地产、粮食、能源等重点领域，增强前瞻性、提升敏锐性，牢牢守住不发生系统性风险底线。"这为当前和今后科学高效的开展地方政府性债务审计工作指明方向。

（一）审计依据

按照2021年新修订的《审计法》中第二条规定：国务院各部门和地方各级人民政府及其各部门的财政收支，国有的金融机构和企业事业组织的财务收支，以及其他依照本法规定应当接受审计的财政收支、财务收支，依照本法规定接受审计监督。第十八条规定：审计机关对本级各部门（含直属单位）和下级政府预算的执行情况和决算以及其他财政收支情况，进行审计监督。地方政府债务涉及多方主体，权责利关系复杂，而审计监督对象的广泛性使其不仅能够覆盖政府的所有财政活动，还能将债务链条上其他各方纳入其中，确保没有遗漏，从而科学呈现债务及风险状况全貌。

此外，第二十九条规定：审计机关有权对与国家财政收支有关的特定事项，向有关地方、部门、单位进行专项审计调查，并向本级人民政府和上一级审计机关报告审计调查结果。除了对纳入预算管理部分的法定债务实施审计外，2020年修订的《审计法实施条例》第三条明确，对于“政府举借债务筹措的资金”中未纳入预算管理的收入和支出依然属于财政收支，须接受审计监督。以往地方政府隐性债务资金大量游离于预算监督之外，上述这些法律规定将所有财政收支纳入审计范围，拓展了审计机关挖掘和解决地方债问题的广度和深度，确保债务筹资活动符合法律法规，防止无序举债和财政风险的积累。

（二）开展地方政府债务全面审计

2008年，我国开始实施积极财政政策，特别是为应对金融危机，一些地方政府为筹集资金，绕开《预算法》通过各类融资平台举借债务，为此，审计署对18个省、16个市和36个县的地方融资平台及债务风险实施审计调查，结果显示：截至2009年底，上述地区共有各级融资平台公司307家，政府性债务余额合计2.79万亿元，省、市、县本级各自融资平台政府性债务余额分别占省、市、县本级政府性债务总额的44.07%、71.36%和78.05%，这一结果引发社会高度关注。2010年

6 月，国务院印发了《关于加强地方政府融资平台公司管理有关问题的通知》（国发〔2010〕19 号），要求在清理核实的基础上妥善处理地方政府融资平台公司的债务，审计工作为融资平台的规范管理提供了有力支撑。

之后，我国于 2011—2014 年连续开展地方政府债务全面审计工作。按照 2011 年 2 月《国务院办公厅关于做好地方政府性债务审计工作的通知》（国办发明电〔2011〕6 号）中“摸清规模，分清类型，分析结构，揭示问题，查找原因，提出建议”工作要求，审计署 2011 年 3—5 月组织全国审计机关 4 万多人，严格按照“见账、见人、见物，逐笔、逐项审核”的原则，首次对截至 2010 年底各省、市、县政府政府①的三类债务实施全面审计，本次审计覆盖 25590 个政府部门和机构、6576 家融资平台公司、54061 个其他单位、373805 个项目和 1873683 笔债务，重点审计地方政府债务资金及偿债资金的来源、结构、变化情况，揭示政府债务在地方经济发展中的作用，分析评估交通运输、市政建设、高校、医院和融资平台公司等重点行业和单位的偿债风险，为摸清地方各级政府债务规模和结构，强化融资平台公司监管，针对性制定“降旧控新”治理措施，以及在上海、浙江、广东、深圳开展地方政府自发债试点等工作提供了重要决策支撑。如针对本次审计发现的部分融资平台公司管理不规范，盈利能力和偿债能力较弱，债务逾期、虚假出资等问题，银监会在 2011 年陆续出台了《关于切实做好 2011 年地方政府融资平台贷款风险监管工作的通知》（银监发〔2011〕34 号）、《关于地方政府融资平台贷款监管有关问题的说明》（银监办发〔2011〕191 号），在界定融资平台范围的基础上，对贷款管理、平台整改退出等提出了具体整改完善要求。

2012 年 11 月至 2013 年 2 月，审计署对 2011—2012 年 36 个地方政府本级债务情况按照“见人、见账、见物，逐笔、逐项”的原则进行了审计，涉及 903 个政府部门和机构、223 个融资平台公司、1249 个经费补助事业单位、83 个公用事业单位、273 个其他单位、22240 个项目，共 75559 笔债务，并于 2013 年 6 月公布了审计结果。本次审计对近两年地方

---

① 具体审计对象包含：地方政府机其所属部门和机构（含同级开发区）；经费补助事业单位；公用事业单位；政府融资平台公司；其他相关单位。

政府加强债务管控的成效和经验进行了总结，从完善管理制度、处理存量债务、对部分地区债务快速增长、变相融资、融资平台监管不到位、债务制度不完善、资金管理使用不规范等突出问题进行了深入分析。在相关部门对此认真研究的基础上，地方债试点稳步推进，范围进一步扩大。

2013 年 7 月，国务院发布了《关于做好全国政府性债务审计工作的通知》（国办发明电〔2013〕20 号）提出开展全国政府性债务审计工作，此次审计范围包括中央、省（自治区、直辖市和计划单列市）、市（地、州、盟、区）、县（市、区、旗）、乡（镇、苏木）五级政府的债务，要求在 2011 年审计工作成果的基础上，进一步摸清三类债务存量和变化趋势，反映债务管理政策制度的成效、问题及风险隐患。2013 年 8—9 月，审计署对截至 2012 年底和 2013 年 6 月底全国政府性债务规模和结构开展审计。本次审计不仅将中央和乡一级政府纳入范围①，还针对近期地方政府承担担保救助责任债务的新型表现形式，如垫资、融资租赁等纳入审计范围。2013 年 12 月，审计署公布的审计结果表明：从经济发展水平、负债现状及其与资产的相互关系看，我国地方政府债务风险总体可控，但同时也存在地方政府负有偿还责任的债务增速较快、部分地方债务负担较重、土地财政依赖度高等问题。审计署建议：完善预算、审批等管理制度，将举债情况纳入领导干部考核问责范围，进一步厘清政府与市场的关系，建立政府债务风险预警、应急处置机制等。本次审计成果在后续我国对地方政府性债务分类施策，特别是对《预算法》修订，将地方政府债务在清理甄别的基础上纳入财政全口径预算管理等重要改革举措发挥了重要作用。2013 年底召开的中央经济工作会议将“着力防控债务风险”作为六项主要任务之一进行了部署，提出要把控制和化解地方政府性债务风险作为经济工作的重要任务，把短期应对措施和长期制度建设结合起来，做好化解地方政府性

① 本次审计涉及中央、31 个省（自治区、直辖市）和 5 个计划单列市、391 个市（地、州、盟、区）、2778 个县（市、区、旗）、33091 个乡（镇、苏木）的 62215 个政府部门和机构、7170 个融资平台公司、68621 个经费补助事业单位、2235 个公用事业单位和 14219 个其他单位，730065 个项目、2454635 笔债务。

债务风险各项工作。同月，中央组织部在《关于改进地方党政领导班子和领导干部政绩考核工作的通知》也对应特别要求“加强对政府债务状况的考核”，具体包括“把政府负债作为政绩考核的重要指标，强化任期内举债情况的考核、审计和责任追究”等内容。

2014 年 10 月，国务院发布了《关于加强地方政府性债务管理的意见》（国发〔2014〕43 号），要求审计部门要依法加强对地方政府性债务的审计监督，促进完善债务管理制度，防范风险，规范管理，提高资金使用效益。同月，财政部印发了《地方政府存量债务纳入预算管理清理甄别办法》（财预〔2014〕351 号），要求以 2013 年全国政府性债务审计确定的截至 2013 年 6 月 30 日的各笔债务为基础，清理甄别地方政府存量债务并将其纳入预算管理。为此，财政部联合审计署、发改委、人民银行、银保监会及地方审计机关组织了第一次全国的地方政府债务清理甄别，认定全国地方政府债负有偿还责任的债务规模是 15.4 万亿元，地方政府或有债务 8.6 万亿元。为后续依法分地区确定债务限额、开展地方政府债务置换等重大监管政策的出台提供了有力的工作支撑。

（三）在预算执行审计、经济责任审计中关注地方政府债务

2009 年以来，审计署几乎在每年的中央预算执行和其他财政收支的审计工作报告都会提及地方政府债务相关审计情况，深入反映地方政府债务的各类普遍性和倾向性问题，并督促推动对查处问题的整改，积累了丰富的实践经验，为推动建立地方政府债务风险防范的长效机制发挥了重要作用（见表 5－1）。

表 5－1　审计署历年中央预算执行和其他财政收支的审计工作报告中揭示的地方政府债务数据及主要问题

年度	审计对象	数据	主要问题
2009	18 个省、16 个市和 36 个县本级	截至 2009 年底，政府性债务余额合计 2.79 万亿元。	1. 地方政府性债务总体规模较大，融资平台公司的政府性债务平均占一半以上。 2. 部分地方政府偿债压力较大，存在一定的债务风险。

续表

年度	审计对象	数据	主要问题
2010	25590 个政府部门和机构、6576 家融资平台公司、54061 个其他单位、373805 个项目和 1873683 笔债务	全国省、市、县三级地方政府性债务余额共计 10.72 万亿元。	1. 地方政府举债融资缺乏规范，大部分债务收支未纳入预算管理。 2. 部分地区和行业偿债能力弱，存在风险隐患。 3. 地方政府融资平台公司数量多，管理不规范。
2011	未提及		
2012	18 个省本级及省会城市本级	债务余额为 3.85 万亿元。	1. 一些地方通过信托、BT（建设—移交）和违规集资等方式变相融资现象突出。 2. 部分地区债务增长较快，有的过度依赖土地收入和举借新债偿还。 3. 一些地方债务管理不规范，融资平台公司清理不到位。
2013	全国政府性债务情况	至 2013 年 6 月底，全国各级政府负有偿还责任的债务 20.70 万亿元、负有担保责任的债务 2.93 万亿元、可能承担一定救助责任的债务 6.65 万亿元。	1. 政府性债务管理制度尚不健全。 2. 省本级债务借新还旧数额较大。 3. 个别地方债务举借和使用不规范。
2014	重点抽查的 9 个省本级、9 个省会城市本级和 9 个县	2014 年底政府负偿还责任债务余额比 2013 年 6 月底增加 46%。	大部分地方政府债券尚未发行，个别地区债务偿还出现困难。
2015	11 个省本级、10 个市本级和 21 个县	债务余额 0.82 万亿元，或有债务余额 1.10 万亿元。	1. 部分地方发债融资未有效使用。 2. 有的地区仍违规或变相举债。
2016	16 个省、16 个市和 14 个县本级	政府承诺以财政资金偿还的债务余额，较 2013 年 6 月底增长 87%，其中基层区县和西部地区增长超过 1 倍。	部分地方政府债务增长较快，有的还违规举债。

续表

年度	审计对象	数据	主要问题
2017	5 个省本级、36 个市本级和 25 个县	5 个地区 2017 年 8 月以后违规举债 32.38 亿元，还有 3 个地区政府违规提供担保 9.78 亿元。	1. 部分地方政府违规举债。 2. 债券资金闲置。 3. 一些地方落实债务管理要求还不到位，化解债务方式过于简单，造成重点项目建设资金接续不畅等。 4. 5 个省本级尚未筹建债务大数据监测平台，14 个市县未按要求全面摸排融资担保行为或未按时整改到位，5 个市县未将政府购买服务等事项纳入监测范围。
2018	18 省本级、17 市本级和 17 县	未提及	1. 16 省未按要求对困难较大的市县制定风险应急预案。 2. 32 个地区上报的债务数据存在漏报、多报等情况。 3. 11 个地区有 170.78 亿元存量隐性债务没有制定化解措施，有些地区制定的债务化解方案缺乏可行性。 4. 35 个地区有 290.4 亿元债务资金因筹集与项目进度不衔接等原因闲置。
2019	18 省及所辖 36 个市县	未提及	1. 由于项目安排不合理或停止实施等，有 503.67 亿元新增专项债券资金未使用，其中 132.3 亿元闲置超过 1 年。 2. 10 个地区违规举债或担保 83.99 亿元。
2020	17 省本级、17 市本级和 21 县共 55 个地区	55 个地区政府债务余额 5.07 万亿元，平均债务率较上年降低 13 个百分点。	55 个地区专项债余额 1.27 万亿元中有 413.21 亿元（占 3.25%）未严格按用途使用，其中 5 个地区将 204.67 亿元投向无收益或年收入不足本息支出的项目，偿债能力堪忧。
2021	未提及	未提及	专项债券管理：10 个地区违规将 136.63 亿元专项债券资金用于企业经营、人员工资等；33 个地区 217 亿元专项债券资金闲置 1 年以上。

续表

年度	审计对象	数据	主要问题
2022	未提及	未提及	1. 违规新增隐性债务。49 个地区通过承诺兜底回购、国有企业垫资建设等方式，违规新增隐性债务 415.16 亿元。20 个地区通过虚报项目收入、低估成本等将项目“包装”成收益与融资规模平衡，借此发行专项债券 198.21 亿元。 2. 专项债券管理。5 个地区将 50.03 亿元违规投向景观工程、商业性项目等禁止类领域；47 个地区违规挪用 157.98 亿元；5 个地区虚报 33 个专项债券项目支出进度，至 2022 年底有 60.27 亿元未使用。

在经济责任审计中，审计机关重点关注领导干部对地方政府债务的责任履行和管控效果。《中央审计委员会办公室 审计署关于进一步规范经济责任审计工作有关事项的通知》（中审办发〔2021〕5 号）中强调：经济责任审计要突出党和国家经济方针政策贯彻落实情况，突出经济社会发展中各类风险防范化解情况，突出重点民生资金使用和项目建设情况。2019 年修订的《党政主要领导干部和国有企事业单位主要领导人员经济责任审计规定》将财政财务管理和经济风险防范情况作为地方党委和政府主要领导干部、党政工作部门等主要领导干部经济责任审计的一项内容。实践证明，此举可以更为全面地评价领导干部的履责情况，规范权力运行，促进其在经济管理和风险防控方面的积极担当，为国家的经济发展和财政稳定提供了坚实的保障。

除审计署统一组织外，各级地方审计机关也积极关注地方政府债务，根据问题性质、范围、后果影响等因素在各类审计项目中综合运用“上审下”“交叉审”“同级审”等组织方式，深入调查地方政府债务情况，压实地方政府属地责任（见表 5 - 2）。这些工作成果有效地转化为治理效能，对于落实地方政府主体责任，确保党中央对地方政府债务及风险防控的各项政策令行禁止，合理高效利用债券资金，及时发现和管理地方政府债务风险并督促整改，降低举债与治理成本，维护经济社会稳定，促进区域可持续、高质量发展发挥了极其重要的作用。

表 5－2　2021 年以来地方审计机关发现的地方政府债务问题整改情况

省份	报告/文件名称	主要做法
山西	关于2022年度省本级预算执行和其他财政收支情况的审计工作报告	对未按计划化解隐性债务问题，省财政设立化债奖励资金，加大化债引导力度，并积极督促有关单位认真履行偿债责任，确保全省化债任务按时完成。
内蒙古	关于自治区本级预算执行和其他财政收支2023年度审计查出问题整改情况的报告	组织摸排全区地方政府债务底数，编制自治区“1＋8”化债方案并通过国务院审核；争取再融资债券，支持各地区清理政府拖欠企业账款；健全基层“三保”机制，弥补基层财力缺口；对财政暂付款进行分类监测，对暂付款高风险地区试行提级管理。
北京	关于北京市2022年度市级预算执行和其他财政收支审计查出问题整改情况的报告	针对违规举借政府专项债务问题，相关区财政局会同区发展改革委等单位按照“十四五”规划，结合项目成熟度，初步梳理形成2023—2025年政府债项目储备库，科学制订债券发行计划，强化债券举借审核工作，保障专项债券项目融资与偿债能力相匹配。
山东	关于2022年度省级预算执行和其他财政收支审计查出问题整改情况的报告	统筹用好政府专项债券，落实“早发快用见实效”要求，加快债券资金拨付和使用进度，提升使用效益，有效防范债务风险。
江苏	江苏省2022年度省级预算执行和其他财政收支审计查出问题整改情况	地方政府隐性债务化解及融资平台公司经营管理、风险防范方面：关于部分地区融资平台公司经营管理不规范的问题，已基本完成整改。其中，18个市县建立健全了融资决策管理制度；35个市县督促国有企业规范招投标管理并完善相关制度12项，同时开展自查自纠，按规定追责问责；11个市县梳理了工程款支付情况，提前支付款项优先抵扣当期应付工程款；21个市县出台投资监管相关制度17项，强化投资全过程管理，完善投资风险评价指标。
海南	关于2021年度省本级预算执行和其他财政收支审计查出问题整改情况的报告	指导市县化解暂付性款项工作不到位问题，省财政厅建立库款占用奖惩机制，通报暂付款化解情况，不定期约谈管理不到位市县，并将财政暂付款管理纳入市县高质量发展考核范围，2022年底市县暂付款余额较年初减少19.5亿元，下降3.6%。
福建	关于2022年度省级预算执行和其他财政收支审计查出问题整改情况的报告	督促省属企业加大不良资产处置力度，及时处置盘活不良资产，化解风险。

续表

省份	报告/文件名称	主要做法
吉林	吉林省人民政府关于2022年度省级预算执行和其他财政收支审计查出问题整改情况的报告	3只子基金违规采取明股实债或出借资金方式投资项目5.21亿元，已督促子基金合规运营，严格实施投后管理的方式，及时收回本金收益；1市违规为企业承诺偿还贷款、回购股权，涉及资金6870万元，已对企业确认债权6248万元，其中60万元通过现金清偿，6188万元债权转为股权；1县融资平台公司以借款形式投资民营房地产开发公司3800万元到期未收回，借款待企业项目完工资金回笼后收回；1县政府违规以办公楼等资产入股融资平台公司，通过履行资产处置程序已经整改。
江西	江西省人民政府关于2021年度省级预算执行和其他财政收支审计查出问题整改情况的报告	对违规为融资平台及类平台提供融资问题，1家银行通过自然到期方式稳妥有序推进存量地方政府隐性债务化解，印发授信业务指导意见，加强地方隐性债务管理；1家银行回售债券2.59亿元，出售债券7.64亿元，退出基金9.65亿元，对仍有余额的基金制定退出计划逐步退出完成整改。
辽宁	省政府关于2022年度省本级预算执行和其他财政收支审计查出问题整改情况的报告	针对部分公立医疗机构违规经营和融资举债的问题。1个县财政局已将县医院贷款3000万元的本金及利息偿还完毕；1个市卫生健康委督促各医疗单位严格履行融资租赁审批程序，严禁违规举债；1个县纪委成立专案组对医院融资问题线索调查核实，严肃追责问责，债务余额已录入地方债务监管系统，相关医院修订医疗设备采购制度；1个县医院补齐购置设备手续，通过财政投入方式逐步偿还相关资金；1个市中心医院已将1.15亿元挪用资金归还至专项债券资金账户。
甘肃	甘肃省2022年度省级预算执行和其他财政收支审计查出问题整改情况的公告	针对地方政府新增隐性债务仍有发生的问题，1个市制定隐性债务风险化解方案并通过省财政厅评审，已安排14个项目财政资金4000万元；2个市县已支付拖欠工程款8136.36万元。针对审计建议：推动隐性债务管理制度化规范化。建立隐性债务管理“六项工作机制”，支持市县稳步化债，奖励激励市县积极化解债务风险。制定防范化解政府性债务风险等工作方案，细化实化化债举措，全力推进防范化解地方债务风险。
天津	天津市2022年度市级预算执行和其他财政收支审计查出问题整改情况的报告	对违规担保1.77亿元的问题，交通集团对当事人给予免职处理，相关部门对涉事单位立案调查；市政集团完善担保统计和事项管理制度，加强备案监督。

续表

省份	报告/文件名称	主要做法
河南	关于2022年度省级预算执行和其他财政收支审计查出问题整改情况的报告	关于化解清偿中小企业欠款问题，相关县市已通过制定还款计划、建立清欠台账、加大还款力度等方式进行整改。
安徽	关于安徽省2022年度省级预算执行和其他财政收支审计查出问题整改情况的报告	省财政厅在分配新增专项债务限额时，充分利用审计结果，调整相关地区额度。对部分项目融资平衡方案编制不科学问题，省财政厅出台管理办法，加强对专项债项目收益平衡情况的测算审核，对收益明显不能覆盖融资成本的项目不予入库；相关地方重新论证项目预期收益，对融资方案进行修改，同时加强项目运营管理，提升项目实际收益。
四川	关于四川省2022年度省级预算执行和其他财政收支审计查出问题整改情况的报告	2家省级金融企业和3家市级城市商业银行出台和修订完善《引导基金退出期考核办法》《金融资产风险分类管理办法》等27项制度。对经营风险隐患较为突出问题，未备案基金中1支已注销，承诺最低收益的基金中1支正在清算注销，开展债权投资的基金中2支项目已退出、5支正在清算注销，让渡决策权的基金中2支正在清算注销；进入退出期的6支基金资金回收率提高了16.47个百分点。
河北	河北省人民政府关于2022年度省级预算执行和其他财政收支审计查出问题整改情况的报告	关于北京冬奥会审计查出问题整改情况。张家口市成立审计整改工作领导小组，目前已研究制定债务偿还风险整改方案，通过场馆经营、资产变现、调节其他收益、政府支持、调整还款计划等方式进行债务偿还。省政府不断提高对重大风险的预见、应对和处置能力，加强对政府隐性债务、省属企业的监督管理，禁止各种变相举债行为，加大处置力度，筑牢风险底线。省财政厅积极争取国家化债试点，加大隐性债务处置力度，有效缓解付息压力，组织开展“回头看”，全面排查风险隐患，规范政府举债融资行为，坚决遏制新增隐性债务，稳妥化解存量债务，对违法违规举债融资等行为，坚持发现一起、问责一起、处理一起。
广东	广东省人民政府关于2022年度省级预算执行和其他财政收支审计查出问题的整改情况报告	针对个别市违法违规举债问题，省财政厅已核实并移送省纪委监委处理，对违规新增暂付款情节严重、问题突出的地区开展专项检查，对债券资金使用不规范的典型案例进行通报，督促各地进一步严肃财经纪律，严格规范资金使用管理。

续表

省份	报告/文件名称	主要做法
湖南	关于2022年度省级预算执行和其他财政收支审计查出问题整改情况的报告	新增隐性债务仍有发生的问题。相关市县主动采取措施，通过制定分年度还款计划、完善抵押担保流程、规范土地出让管理等方式规范举债行为，对相关责任人追责问责。 债务化解落实不到位的问题。相关市县对化债情况开展全面清查，制定“一债一策”债务化解方案，严格按照化债方案，落实偿债资金来源。 平台公司转型不到位的问题。相关市县加快推进平台公司清理，通过规范财政资金管理、明确政府部门和平台公司支出的界限、补充资本金等方式加强管理，推进平台公司市场化转型。 PPP项目增加隐性债务风险的问题。相关省属企业进一步明确项目运营期限，夯实社会资本方的投资建设和运营责任；对部分已完成投资的项目，签订了回购协议，压减政府出资责任。 地方政府拖欠资金的问题。相关省属企业与地方政府签订了PPP项目政府付费有关问题备忘录，强化竣工验收、工程结算、投资确权等重点工作的办理，有效推动了部分项目的投资回收。
宁夏	关于2022年度自治区本级预算执行和其他财政收支审计查出问题整改情况的报告	对防范化解债务风险问题，有关地区落实一揽子化债方案，将债务还本付息等情况纳入中期财政规划，加强财力保障。

二、地方政府性债务审计难点

要深刻揭示地方政府债务的问题，针对性提出改进建议，必须发挥研究性审计作用，从概念、路径、原理、政策、效果等方面辨析把握地方政府性债务审计的难点，并逐一加以突破。

（一）界定地方政府债务的审计范围

清晰界定纳入政府的主体及地方政府债务的范围是开展审计工作的

前提，但政府债务数据的完整性是一个世界性难题，在确认环节，对一些被赋予行政权力或受到财政支持的公共部门或机构应否纳入政府范围常存在争议，影响政府债务确认和披露。如前所述，国际上实施审计多与政府财务报告的范围相一致，并且将公共债务作为地方政府债务范畴。国际货币基金组织2013年发布的《公共部门债务统计指南（Public Sector Debt Statistics Guide）》及2014年的《政府财政统计手册（Government Financial Statistics Manual）》均建议披露公共部门整体的债务信息，包括：①一般政府部门，指以履行政府职能为主要活动的常驻机构单位，如中央和地方政府的所有机构，以及由这些机构控制的社会保障基金及所有非营利机构；②公众企业（public corporations），包括金融与非金融机构。类似的，我国一些研究也将各地城投公司部分债务尤其是非标定融类债券视为隐性债务纳入政府范畴，其理由主要在于城投公司发债—地方政府用款—土地出让还债的逻辑。实际上，2011年审计署对全国地方政府性债务的审计结果也显示：以融资平台公司为举借主体的三类债务合计4.97万亿元，占总债务余额的46.4%，并且其中的大部分政府负有偿还责任。

在债务的概念界定上，尽管对负债、债务有明确的定义，实践中对其认定依然存在分歧，根据国际货币基金组织对42个国家的调查，大多数国家法律都没有全面涵盖债务工具，很少有国家将拖欠款、供应商信贷协议、担保贷款下的支付义务纳入公共债务范畴，还有一些国家明确将某些工具（如在财政年度内的短期支付义务）排除在债务覆盖范围之外。

对于地方政府的表外债务范围如何界定既是审计工作重点也是难点。《财政总会计制度》规定：总会计核算的负债，应当按照承担的有关义务金额或实际发生金额进行计量，具体包括应付政府债券、应付国库集中支付结余、应付及暂收款项、应付代管资金、应付利息、借入款项、应付转贷款、其他负债等。其中，“其他应付款”用于核算政府财政临时发生的暂收、应付、收到的不明性质款项和收回的结转结余资金等；“其他负债”用于核算“政府财政因有关政策明确要求其承担支出责任的事项而形成的支付义务。”而对于因或有事项所产生的现时义务而确认的负债，如对未决诉讼等确认的负债，以及除债券以外的其他形式债务并未专设“预计负债”的一级科目。这主要在于《预算法》规定发行政府债券是地方政府唯一合法的债务形式，未来如何进一步明确地方政府债务的范围，并科学反映和报告相关事项，推动债务识别的一致性需要系统研究。因此，地方债审计对地方政府债务的界定应坚持原则导向，而非规则导向，避免交由审计对象清单式列举表外债务，产生的监管套利风险。此外，政府担保、或有负债虽未必是实际负债，但也是财政风险的来源之一，对此，我国要求编制政府综合财务报告的会计主体对于担保事项、未决诉讼或仲裁、承诺（补贴、代偿）、救助等或有事项的事由金额进行披露，若无法预计金额应说明理由，审计对此应高度重视，深入分析制定审计策略。

（二）债务数据的完整性和准确性有待提升

世界银行曾对17个国家2015—2017年的债务管理开展了绩效评估（DeMPA），结果表明，从数据的完整性和及时性来衡量，只有41%的样本国家达到最低要求，在监督保障方面，33%的国家达到最低要求[①]。在我国，由于存量债务化解方式方法不当，虚假化债导致底数不清，增量债务常游离于预算管理及债务系统之外，认定口径存在差异；在系统建设上，政府债务系统、隐性债务监测系统、发改的重大项目库以及金融监管机构的企业财务负债类的数据系统建设相对独立，数据间缺少必要的衔接勾稽，对债务数据的运用分析带来困难。此外，债务监测平台数据由下级基层政府逐级汇总上报，估算占一定比重，交叉重复、漏项时有发生，造成填报不准确、更新不及时等问题；此外，大数据技术开发应用的广度和深度尚难以满足地方政府债务风险管控需要，都在一定程度上影响了审计工作质量。

---

① 详见：https：//documents. worldbank. org/en/publication/documents - reports/documentdetail/645621532695126092/improving - public - debt - recording - monitoring - and - reporting - capacity - in - low - and - lower - middle - income - countries - proposed - reforms - g20 - note。

（三）审计链条长，对象多

随着近年来，地方政府债务作为积极财政重要工具持续加力提效的同时，规模越来越大，在“借、用、管、还”各环节涉及行政、事业、企业、财政部门单位，融资平台，金融机构等各类部门和机构，主体多、链条长，经济责任、法律责任、行政责任、社会责任交织，给债务合规性认定带来极大挑战。如：对于法定债务，在使用环节，按照预算法要求，债务资金只能用于公益性资本支出，但由于公益性项目收益单薄，单靠自身收益往往难以满足发债要求，即便发出来，后期收益不及预期的风险也较大①。因此，有相当数量的项目采取与有一定收益的商业化、市场化领域项目打包的形式实施，也有的地方将原本免费的公园改为象征性收取门票，纯公益项目摇身一变成为具有一定收益的项目用于申请专项债。由此整体的公益属性难以判断。

再如，对于专项债支持的项目，项目实现的政府性基金收入和专项收入需要上缴财政，但如果项目实施机构是企业，从《公司法》角度看，专项收入上缴财政可能会损害债权人利益。又如：在偿还阶段，对于项目已产生收益但尚未到还款期的专项债，由于缺少制度依据，结存收益常被统筹或调入一般公共预算用于“三保”，后期存在一定的偿债风险，上述这些问题在审计实践中缺少统一的判定规则，对其是否违反《预算法》往往主要靠主观把握，对审计的公信力带来一定影响。参见专栏5－1。

专栏5－1 公益性与市场化相结合的专项债项目案例

案例一：×省×区畜禽养殖废弃物资源化利用项目

1. 建设内容：项目主要建设内容包括：新建雨污分流及排污管道15000m，新建污水贮存池15000m^2，新建堆粪场6000m^2，配置固

---

① 如：江苏省《关于2022年度省级预算执行和其他财政收支的审计工作报告》报告即披露：其抽查2019年以来的346个政府专项债券项目发现，有275个近3年资金平衡方案预期收益未实现，其中255个未达预期的50%，涉及专项债券本金508.52亿元，易导致偿付风险。

液分离设备22台，新建发酵床养殖4100m^2。项目拟建设一个年处理畜禽粪污量为28万吨，年产还田沼液22.40万吨，年产生物有机肥5.6万吨。

2. 投资规模：项目计划总投资1500万元，其中拟申请专项债1100万元，占总投资的73.33%，财政配套资金400万元，占总投资的26.64%。

3. 收入来源：本项目收入来源为项目建成后产出生物有机肥料的销售收入作为项目的收入来源，预计运营期间，总收入为26180万元。

案例二：×市×县“水库工程”项目

1. 建设内容：该水库是一座以场镇供水、农村人畜饮水及灌溉为主要任务的小型水利工程。工程主要由水库枢纽、供水和灌溉工程两部分组成。水库正常蓄水位为812m，总库容140.49万m^3，最大坝高52m，枢纽工程主要由挡水、泄洪、取水等建筑物组成，供水和灌溉工程主要由供水管道及附属建筑物等组成。

2. 投资规模：本项目总投资17748.47万元，由项目资本金和项目专项债券组成。资本金为4148.47万元，占项目总投资的23.37%，申请专项债总额13600万元，占项目总投资的76.63%。本项目计划2022年发行债券6000万元，2023年发行债券7600万元。

3. 收入来源：本项目经营收入主要包括灌溉收入、原水销售收入、养鱼收入、政府补贴收入。债券存续期内运营收入合计39948.91万元，具体情况如下：

项目	2023—2032年	2033—2042年	2043—2052年	合计
灌溉收入（万元）	151.60	151.60	144.02	447.22
原水销售收入（万元）	1305.36	1430.10	1495.62	4231.08
养鱼收入（万元）	1137.29	1879.42	2451.32	5468.03
政府补贴收入（万元）	10100.00	10100.00	9595.00	29795.00
原水销售及养鱼收入占比（%）	19.2	24.4	28.8	24.3
合计（万元）	12694.25	13561.12	13685.96	39941.33

简析：以上两个项目从实施内容看，既有管道建设、灌溉等公益性内容，也有化肥、原水等生产销售内容，是典型的将市场化项目和公益性项目相结合的情形，项目审批时，往往将“商业化部分投资或相应的收入占比不能超过50%”作为标准认定其公益属性，但明显该标准过于简单。

（四）审计整改问责的贯通协作与长效化机制尚未形成，问责力度有待加强

《国务院关于加强地方政府性债务管理的意见》（国发〔2014〕43号）提出，对脱离实际过度举债、违法违规举债或担保、违规使用债务资金、恶意逃废债务等行为，要追究相关责任人责任。按照《预算法》第九十四条的相关规定，各级政府、各部门、各单位违反本法规定举借债务或者为他人债务提供担保的，责令改正，对负有直接责任的主管人员和其他直接责任人员给予撤职、开除的处分。实际工作中，对于审计署发现违法违规行为，由财政部驻各地监管局督促整改，所在地纪委监委作出处罚，问责结果由当地政府通报，2022年以来共印发25批问责建议函，共追责问责428人，从2023年财政部公布的违规举债典型案例的问责结果看，以诫勉、党内警告、政务记过、书面检查、批评教育为主。除了对直接责任与主管责任，集体责任与个人责任等难以界定的原因外，审计监督债务管理权力过程中缺少层层压实问责追责的具体操作程序，审计与其他监督的整改问责的合力有待进一步发挥。

三、地方政府性债务高质量审计监督机制建设内容

（一）优化组织方式，探索三个协同

一是探索合规与绩效的协同。尽管二者追求的最终价值是一致的，

即维护人民群众的根本利益，但治理目标和实现方式并不一样。绩效审计与合规性审计也不是完全对立、此消彼长的关系，而应当相互促进、相得益彰。例如，对于地方政府债务项目的预算绩效评价报告，需要引入审计监督机制，就其报告是否符合《预算法》《政府采购法》《会计法》等法律法规的要求，发表专业鉴证意见，倒逼其改进质量。再如，对于审计结果应用，需要进一步细分审计报告使用者在预算编制、工作质量改进、风险管理方面的需求，研究总结隐性债务等违规违法问题的整改方式，将重心从问题查处转向绩效改进。同时，也要以审计结果为抓手落实主体责任，杜绝短期行为，接受社会公众监督，更好地践行“把权力装进制度的笼子”的使命要求。

近年来，我国财政部门在大力推进预算绩效评价工作，需要强调的是，预算绩效评价与国家审计是国家财政管理中的两个重要环节，它们在目标、内容、方法等方面既有联系也有区别。从共性看，二者的目标都在于提高财政资金的使用效率和效益，确保公共资源的合理分配和使用；预算绩效评价和国家审计都具有评价和监督的功能，通过对财政资金收支实施监督来促进政策和项目的实施效果；此外，二者发现的问题都将应用于优化政策、改进管理、提高效率等方面。

在实务中，绩效评价和审计应有明确的区分，预算绩效评价侧重于从经济性、效率性、效益性、公平性和可持续性等维度反映项目决策、管理、产出和效益，而国家审计主要是依据《审计法》侧重于关注审计财政收支以及政策执行的真实性、合法性、合规性等。因此，在设计和运用指标工具时，应当选取影响项目目标实现的核心关键指标开展评价，而不必像绩效评价工作一样全面铺开，在问题梳理与分析阶段，重点是对债务资金以及与其相关的国有资产、国有资源的管理使用情况开展“经济体检”，对防范和化解风险的重大经济政策落实情况进行监督、审查和评价，深入分析问题背后的体制、机制和制度原因，揭示出可能存在的风险，通过审计查出问题整改长效机制，推动各方面落实责任，防范、化解风险，为维护国家经济安全和社会稳定提供有力保障。二者目标一致、内容互补、职能各有侧重，应当相辅相成，共同为地方债治理服务（见表5-3）。

表5－3　　地方政府债务项目绩效与风险评价表（示例）

一级指标	二级指标	三级指标	分值	评估要点	得分	扣分依据
立项必要性	政策相关性	国家政策相关性		项目是否与党中央、国务院重大决策部署、国家经济社会发展路线、方针、政策相关；是否符合《预算法》及《地方政府专项债券发行管理暂行办法》等国家、地方相关政策法规要求。		
		本省市（地区）政策相关性		项目是否与地方党委政府重大决策部署相关，与地方经济社会发展路线、方针、政策相关。		
		行业政策相关性		项目是否与所在行业的法律法规及规章制度、事业发展规划、行业宏观政策相关。		
	职能相关性	职责相关性		项目是否与主管部门或实施单位的职能、职责相关。		
		规划相关性		1. 项目是否与主管部门或实施单位的中长期发展规划。 2. 项目是否与主管部门或实施单位的年度工作计划相关，是否属重点工作任务。		
	需求相关性	债券资金需求合理性		1. 项目实施内容是否具有明确的现实需求。 2. 资金用途是否符合专项债支持领域和方向。 3. 项目申请专项债券额度与实际需要是否匹配。		
		实施必要性		项目是否具有长期发展的能力，是否有可替代性。		
	财政投入相关性	项目公益性		1. 项目是否具有公益性和公共性，是否为政府所提供的公共服务投入或为提供公共服务所必须的间接投入。 2. 项目实施公益性是否显著，社会效益影响是否深远，受益面是否广泛，是否有确定的服务对象或受益对象。		
		项目收益性		项目收益预测是否可以满足专项债券还本付息的要求。		

续表

一级指标	二级指标	三级指标	分值	评估要点	得分	扣分依据
投入经济性	预算编制科学性	预算依据科学性		预算编制是否经过科学论证。		
		预算依据充分性		预算额度测算依据是否充分。		
	投入合规性	投入产出匹配性		投入资源及成本是否与工作任务、预期产出及效果相匹配。		
		成本合理性		项目投资预算、收入、成本、收益预测是否合理性；测算依据是否充分；项目偿债计划是否可行。		
		配套资金充分性、可行性		项目其他渠道配套资金投入是否合规。		
	成本控制有效性	成本控制措施健全性		项目是否采取相关成本控制措施。		
		成本控制措施预期有效性		成本控制措施是否有效。		
实施有效性	前期筹备完整性	项目申报规范性		1. 项目立项批复程序和文件是否规范、齐全。 2. 项目完成勘察、设计、用地、环评等前期工作情况。 3. 是否具备按照预定目标和条件实施项目的能力。		
		组织机构保障性		项目组织机构是否健全、职责分工是否明确、项目人员条件是否与项目有关并得以有效保障。		
	实施计划可行性	工作计划合理性		项目内容是否明确、具体，与绩效目标是否匹配。		
		组织进度合理性		项目组织、进度安排是否合理。		
		基础保障有效性		与项目有关的基础设施条件是否能够得以有效保障。		

续表

一级指标	二级指标	三级指标	分值	评估要点	得分	扣分依据
实施有效性	管理机制健全性	业务管理有效性		1. 业务管理制度、相关技术规程、标准是否健全、完善。 2. 以前年度业务制度执行，相关业务方面问题是否得到有效解决并配有相应的保障措施。		
		过程管制有效性		项目执行过程是否设立管控措施、机制等，相关措施、机制是否能够保证项目顺利实施。		
筹资合规性	筹资合规性	资金来源渠道合规性		资金来源渠道是否符合相关规定。		
		资金筹措程序规范性		资金筹措程序是否科学规范，是否经过相关论证，论证资料是否齐全。		
		资金投入权责对等性		资金筹措是否体现权责对等，财政事权与支出责任是否匹配。		
	财政投入能力	配套方式和承受能力合理性		财政资金配套方式和承受能力是否科学合理。		
		资金投入重复性		项目所涉内容在各级财政部门和其他部门间是否有类似项目资金重复投入。		
		支持方式合理性		项目的财政资金支持方式（直接投入、间接投入、补贴补助、贷款贴息）是否科学合理。		
	筹资风险可控性	偿债计划可行性		1. 是否制订专项债券本息偿还计划。 2. 是否能够合理保障偿还所使用的地方政府专项债券资金的本金和利息。 3. 项目收益与融资规模相平衡。		
		应对措施健全性		对筹资风险认识是否全面；财政资金配套方式和承受能力是否科学合理；项目是否针对预期风险设定了应对措施。		
		应对措施有效性		项目应对风险的措施是否有效。		

续表

一级指标	二级指标	三级指标	分值	评估要点	得分	扣分依据
绩效目标合理性	目标明确性	目标明确性		项目所设年度或总体绩效目标是否明确、清晰，充分反映了项目投入所实现的产出与效果；是否明确还本付息指标。		
		目标相关性		项目所设年度或总体绩效目标是否与主管部门或实施单位的中长期规划目标、年度工作目标一致。		
		受益群体明确性		项目绩效目标申报表中所涉服务对象定位是否准确、明确。		
		指标相关性		项目所涉绩效指标是否体现为目标的分解且与项目投入方向、重点工作内容及目标高度相关。		
	目标合理性	需求匹配性		绩效目标与现实需求是否匹配。		
		目标前瞻性		项目绩效目标是否具有一定的前瞻性和挑战性，与预期产出或效果相比是否偏低或过高。		
		目标可持续性		预期绩效目标是否可持续。		
	目标细化量化程度	指标细化性		是否将项目绩效目标细化分解为具体的绩效指标。		
		指标合理性		绩效指标是否细化、量化，指标是否合理、可考核。		
绩效实现	产出	竣工验收		项目竣工验收及时性、合规性。		
		项目运营		举债项目运营产出的数量、质量与时效等目标完成情况。如完成率、达标率与及时性等。		
		成本效益		举债项目运营维护的成本情况。如成本规模及结构合理性、实际成本与计划成本对比情况、成本节约率、投入产出比等。		

续表

一级指标	二级指标	三级指标	分值	评估要点	得分	扣分依据
绩效实现	效果	社会效益		举债项目建设对社会发展所带来的直接或间接的影响情况。如带动就业、社会荣誉、重大诉讼、公众舆情与群体性事件等。		
		经济效益		举债项目建成后所带来的直接或间接经济效益。如 GDP 增长、产业带动、有效投资、居民增收、产值增加等。		
		生态效益		举债项目建设对生态环境所带来的直接或间接的正负面影响情况。如节能减排、环保处罚等。		
		可持续性		举债项目是否具备相应的工作保障、资金保障和沟通协调机制等条件，以保障其持续运行或发挥作用。		
		满意度		社会公众（服务对象）对举债建设项目及公共服务质量和效率的满意程度。		

二是探索定期专项审计与嵌入式审计的协同。根据审计工作规划、年度计划、上级要求，政府工作重点，地方政府债务特点、风险等确定地方政府性债务审计的年度目标、范围和审计重点，在政策跟踪、预算执行、经济责任审计中统筹考虑审计目标、审前调查、人员分工、执行及报告反馈等，强化各项审计间的融合衔接、积极推行“1 + N”组织方式，努力实现“一审多项”“一审多果”“一果多用”。

三是探索审计监督与其他监督机制的协同。落实习近平总书记关于十大监督工作的指示精神，明确各监督的职责定位，重点内容、实施方式方法等要素（见表 5 –4），在此基础上强化审计地方债务全覆盖与审计协同治理，例如，打造审计监督平台，与发改委投资项目在线审批平台、金融机构投融资授信平台、财政部债务监测平台数据对接，解决项目报审、授信与债务审计脱节，及时发现多头分拆项目，防止市场化融资和政策化融资工具跑偏等问题，形成以审计监督为抓手，实现各类监督贯通协调的债务风险防控体系。

表 5－4　　人大、审计、财会监督比较

	人大监督	审计监督	财会监督
职责	确保政府债务资金安排和使用更好体现和落实党中央决策部署	揭露和查处地方政府性债务领域违法违规问题，保障党中央重大决策落实，维护经济安全	落实财税政策；规范财务管理；提升信息质量
法律政策依据	《各级人民代表大会常务委员会监督法》《预算法》《关于加强地方人大对政府债务审查监督的意见》等	《审计法》《预算法》《中华人民共和国国家审计准则》《政府财务报告审计办法（试行）》《党政主要领导干部和国有企事业单位主要领导人员经济责任审计规定》等	《关于进一步加强财会监督工作的意见》《财政违法行为处罚处分条例》《财政部驻各地财政监察专员办事处实施地方政府债务监督暂行办法》等
重点内容	准确、真实、完整编制和报告债务预算；合法举借债务限额；专项债项目的科学性；对审计查出问题整改情况的监督	地方政府债务风险防控、隐性债务化解和地方政府债券资金使用绩效等	债务限额管理、预算管理、风险预警、应急处置，以及地方政府和融资平台公司融资行为
方式方法	专题询问、质询、特定问题调查；预算联网监督	审查财务、会计资料，查阅与审计事项有关的文件、资料，检查现金、实物、有价证券和信息系统，向有关单位和个人调查	调研、核查、检查

（二）聚焦地方债审计重点，形成三张清单

总体上看，地方政府债务涉及主体众多，组织形式、交易结构及资金流转环节链条常较复杂，如何设计全方位、穿透式的审计流程与分对象的风险评估管控模型是课题研究的重难点，就此提出“三张清单”的工作机制。

一是问题风险清单。从贯彻落实党中央、国务院重大决策，以及项目资金管理、成效和风险等重点领域，盯住关键环节，精准高效履行审

计监督职责，分地区、分条线、分项目类型收集和确认与地方政府债务问题相关的所有事实和证据，与相关的法律法规、政策、标准或合同条款等认真对照梳理问题，初步分析问题可能带来的风险。按照数据定量真、证据材料实、问题定性准的原则要求，探索建立覆盖地方债务全链条，分主体、分项目、分性质的地方政府性债务审计问题清单，并建立完善对应的现场调研、材料评审、集中督导等机制（见表5－5）。

表5－5　　专项债审计问题风险清单示例

阶段	存在的主要问题	表现	审计依据	后果	风险水平	责任单位/人
项目储备	项目实施主体不合规	实施机构为本级国有企业或融资平台公司	专项债募投项目实施主体应为政府机构或事业单位	易导致债券资金被挪用，融资平台垫资等	高	
	前期审批手续不完善	未经必要的立项审批评审程序。如财政评审、规划许可、环评等	相关建设项目的立项审批规定	易导致债券资金等项目	中	
	包装项目	项目预期收入与建设内容无关联或关联度弱，高估收益低估成本；专项债券“一般化”	项目全生命周期与专项债规模、利息、还款周期应当匹配	易导致偿债风险	高	
	项目资本金、社会资本融资未及时足额到位	项目资本金比例不符合法规要求，明股实债、抽逃资本金等	《国务院关于加强固定资产投资项目资本金管理的通知》（国发〔2019〕26号）等	项目落地存在风险	高	

续表

阶段	存在的主要问题	表现	审计依据	后果	风险水平	责任单位/人
项目储备	项目同质化建设	园区类项目、管网类项目未体现地区差异	相关产业、地区发展规划	某个领域、某类项目过度投资，超前建设	中	
资金分配使用	拼凑项目	多报资金需求	违背资金跟着项目走的原则	债券资金绩效低下	中	
	债券资金未按规定用途使用	投向纯公益项目、低收益类项目或经常性支出	不符合发债条件及债券资金只能用于投资建设的相关规定	债券资金难以偿还	中	
偿债机制建设	制度中未对归集上缴项目收益作出相关规定	对实施财政专户管理的教育收费等作为政府性基金上缴用于偿债	不符合政府性基金预算性质	虚增财政收入	中	
	社会资本违规参与配套融资	项目没有收益或仅有政府性基金收入	《关于做好地方政府专项债券发行及项目配套融资工作的通知》	项目偿债收益“一女多嫁”	低	
监督管理	主体责任履行不到位	经办人员对项目缺少监管，部门间未建立有效的沟通会商机制	《预算法》等	新增隐性债务、项目预算绩效低下	低	

续表

阶段	存在的主要问题	表现	审计依据	后果	风险水平	责任单位/人
监督管理	问责机制不健全	责任主体与问责对象不一致，问责约束力弱	《财政违法行为处罚处分条例》	削弱问责效果，违法违规屡禁不止	中	
	项目未实现预期目标	在产出数量、质量、效益方面不及预期	预算绩效管理要求	浪费资金。项目落地经济社会效益差	中	

二是整改责任清单。准确把握审计着力点，确定问题的责任主体，判断责任归属，区分是决策责任、管理责任、执行层的责任还是系统性问题，根据问题的性质、严重程度、整改可行性，将审计发现问题分为三类：第一类，可以在短期内督促审计对象快速解决或纠正的问题，无须复杂程序或额外资源的立审立改问题，应指定具体的责任人或部门，确保整改措施得到快速执行以及整改效果可以迅速得到验证和确认；第二类，问题较为复杂，需要制订整改计划，并在一定时间内逐步推动解决的专项整改问题，对此类问题应明确整改目标、步骤、时间节点和预期效果，分配必要的人力、财力和物力资源，设立专项监督机制，跟踪整改进展，确保按计划执行，评估整改过程中可能出现的风险，并要求审计对象制定相应的应对措施，整改完成后，应进行效果评估，确保问题得到彻底解决；第三类，由于政策资源限制、历史遗留问题或其他不可控因素而难以整改的问题，应说明无法整改的原因，向政策制定者或监管部门寻求指导和帮助，在中长期探索可能的解决方案，尽量减少其对地方财政健康和债务可持续性的影响。

对于重点问题要求被审计单位采用专项报告方式整改；对于重大问题采用整改决议方式进行整改。专项报告以及整改决议与问题一一对应，并均需履行内部审批程序督促其强制落实执行（见表5-6）。

表 5－6　　专项债审计整改责任清单示例

阶段	存在的主要问题	表现	审计依据	后果	整改措施及计划	审计关注点	责任单位/人
项目储备	项目实施主体不合规	实施机构为本级国有企业或融资平台公司	专项债募投项目实施主体应为政府机构或事业单位	易导致债券资金被挪用	按照有关法律规定办理项目法人审批和变更手续。	1. 变更后法人是否合规，变更前后各方责任是否清晰； 2. 是否存在隐匿或转移政府债务至企业； 3. 债券资金是否专款专用等。	
项目实施	债券资金未按规定用途使用	投向纯公益项目、低收益类项目或经常性支出	不符合发债条件及债券资金只能用于投资建设的相关规定	债券资金难以偿还	1. 立即停止不合规的资金使用，并进行纠正； 2. 对于已经违规使用的资金，需要追回并返还到原渠道或重新安排合规使用； 3. 加强对资金使用的监管力度，完善制度； 4. 责任追究。	各项整改措施是否落实到位。	
监督管理	主体责任履行不到位	经办人员对项目缺少监管，部门间未建立有效的沟通会商机制	《预算法》等	新增隐性债务、项目预算绩效低下	1. 在债务限额管理、风险评估、债务资金使用和偿还计划等各环节系统梳理政策法规，完善相关制度； 2. 建立完善责任考核与追究机制。	1. 整改后债务管理的责任主体是否明确； 2. 偿债责任是否落实； 3. 债务风险化解效果； 4. 是否有违规新增隐性债务。	

三是效果考核清单。研究各类问题的基础上，提出整改标准，建立

效果考核清单，采取“回头看”、现场调研等方式，对地方政府债务整改实效进行总体评价。通过“三张清单”建立地方债问题发现、定性、整改、反馈的审计监督闭环管理体系，有效督促地方政府及时发现和解决问题，促进财政可持续（见表5－7）。

表5－7　　地方政府性债务审计整改考核清单示例

问题描述：________________

整改单位：________________

指标描述	具体指标	评价标准	佐证材料	得分
一、整改完成情况评价（100分）				
1. 整改措施的制定（15分）	整改方案的完整性（5分）	A. 整改方案全面覆盖了审计发现的所有问题，方案包含具体的整改措施、责任分配、时间节点和预期目标（4—5分） B. 整改方案部分覆盖了审计发现的所有问题，方案未完整包含具体的整改措施、责任分配、时间节点和预期目标（3—4分） C. 整改方案未针对审计发现的关键问题，方案中缺少具体的整改措施、责任分配、时间节点和预期目标等关键内容、有较多错误（0—2分）		+
	整改方案的合规性（5分）	A. 整改措施符合地方政府债务管理相关法律法规和政策要求（4—5分） B. 整改措施存在不符合地方政府债务管理相关法律法规和政策要求内容（3—4分） C. 整改措施违背地方政府债务管理的相关法律法规和政策要求（0—2分）		+
	整改方案的可行性（5分）	A. 整改措施切实可行，考虑了实际的资源和条件（4—5分） B. 部分整改措施不可行，未考虑实际的资源和条件（3—4分） C. 整改措施不符合实际，难以实行（0—2分）		+

续表

指标描述	具体指标	评价标准	佐证材料	得分
2. 整改措施的实施（25分）	整改责任的明确性（10分）	A. 明确整改责任人和责任单位（8—10分） B. 部分明确整改责任人和责任单位（5—7分） C. 未明确整改责任人和责任单位（0—4分）		+
	整改进度的跟踪（5分）	A. 有明确的整改进度跟踪机制（4—5分） B. 整改进度跟踪机制不可行（3—4分） C. 整改进度跟踪机制缺失（0—2分）		+
	整改过程的监督（5分）	A. 有有效的监督机制确保整改措施得到执行（4—5分） B. 部分关键环节的整改监督机制缺失，无法保障整改措施的执行（3—4分） C. 缺少相应的监督机制（0—2分）		
	整改资源的保障（5分）	A. 提供了必要的人力、财力和物力资源以支持整改（4—5分） B. 人力、财力和物力资源难以形成充足支持（3—4分） C. 未配备必要的人力、财力和物力资源支持（0—2分）		+
3. 整改结果的评估（60分）	整改目标的实现程度（30分）	A. 整改措施达到预期目标（20—30分） B. 整改措施部分达到了预期目标（10—19分） C. 整改措施未达到预期目标（0—9分）		+
	整改效率（5分）	A. 在期限内完成，实施整改的成本较小，管理流程得到优化（4—5分） B. 在期限内完成，实施整改的成本不经济但管理流程得到优化（3—4分） C. 未在期限内完成或实施整改的成本与产出不匹配（0—2分）		+
	持续监督机制（5分）	A. 建立了持续监督机制以防止问题再次发生（4—5分） B. 针对部分整改内容建立了监督机制（3—4分） C. 未对应建立监督机制（0—2分）		

续表

指标描述	具体指标	评价标准	佐证材料	得分
3. 整改结果的评估（60 分）	政策和制度的修订（10 分）	A. 促进了相关政策和制度的修订和完善（8—10 分） B. 相关政策和制度部分完成修订和完善（5—7 分） C. 相关政策和制度未加以修订和完善（0—4 分）		
	风险控制（10 分）	A. 风险基本得到有效控制（8—10 分） B. 重大风险得到有效控制（5—7 分） C. 重大风险未得到有效控制（0—4 分）		+
完成情况评价得分				
二、整改负责程度及成果真实性、严谨性评价（扣分项）				
1. 整改重视情况、成果真实性、严谨性评价	（减分项 1）整改部门和单位的重视情况	A. 责任人对审计问题非常熟悉、高度重视，认真积极回应（不减分） B. 责任人对审计问题比较熟悉，对其中 30%—50% 的问题积极回应（减 1—2 分） C. 责任人对审计问题不熟悉，回应问题较少或基本没有回应（减 3—4 分） D. 责任人无特殊原因没有回应问题，对审计整改漠不关心（减 5 分） 最低减满 5 分为止		－
	（减分项 2）成果证据真实性、严谨性评价	A. 成果不真实，每发现 1 项减 1 分 B. 关键整改证据缺失，每发现 1 项减 1 分 C. 未提供整改证明材料的，每发现 1 项减 1 分 最低减满 5 分为止		－
项目整体得分（完成情况评价得分－扣分）				
考核结论	同意通过整改考核○	基本同意整改○	继续整改后重新审议○	未通过考核○

（三）打造和完善六项机制

一是建立事前＋日常＋集中审计机制。由审计、财政、金融监管等部门机构共同设立监测联络分析组，及时梳理、汇总、分析各类地方政府债务问题线索，围绕地方政府债务监督就重点工作、阶段性目标、问题线索等形成方案，审计部门在日常审计的基础上，参与重点项目的事前评估评审并提出专业意见，针对重要事项和重大风险线索，细化隐性债务的识别认定标准，牵头开展各个监管机构集中的审计工作，协同发力，就问题结论和整改达成共识。

二是建立“重点线索”协查合作机制。为优化聚合监督资源配置，审计、财会监督机构建立协查机制。对于财会监督检查过程中发现的可疑问题，以“问题提示单”形式转交审计机关，由其继续深入核查相关问题，向人大、财政、纪检等及时反馈有关核查情况和处理结果。

三是探索开展在地方初步构建债务监控职能机构双重领导体制试点。审计署驻各地特派员办事处的主要职责之一是审计省级人民政府的预算执行情况、决算和其他财政收支，重点关注地方财政收入支出的真实性、合规性，财政部驻各地监管局地方债管理的职责包括：对地方政府债务实施监控，严控法定限额内债务风险，防控隐性债务风险，发现风险隐患及时提出改进和处理意见并向财政部、地方人民政府反映报告。财政部监管局聚焦实施常态动态监管，审计署专员办则通过专项审计或政策跟踪审计，对地方政府债务进行监督，两者在监管和审计过程中应相互支持，形成监管合力，可探索建立双重领导体制，在监管局负责的同时，向审计署驻地特派办报告工作，其监控结果报主管领导并抄报特派办，以提高监管效率，降低监督成本。参与地方政府债务管理制度的制定和完善。专员办将审计结果向财政部监管局等领导机构通报，监管局则利用审计结果进行风险评估和政策调整，提高债务管理的针对性和有效性。财政部监管局和审计署专员办可以联合开展地方政府债务的调研与核查工作，共同分析债务风险，提出防范和化解措施。

四是重要决策参与机制和重大风险处置通报机制。参与地方政府涉债事项的重要决策对于审计机关全方位了解地方债实施情况，预判相关风险、审计关口前移具有重要意义，建议在决策会议召开前 5 天，会议主办部门及时将会议时间、地点、议题提前通知审计机关，并提供相关材料。同时，及时获取重大风险信息是审计监督有效开展工作的基础。

地方政府应围绕地方政府“借、用、管、还”各阶段动态，以及监管部门关注事项等重要情况，建立主管领导统一部署、专业部门组织实施、有关各方全力配合的重大风险报告制度。凡涉及地方政府债务的新增政府投资项目债务融资、重大违法违纪违规、特别重大突发事件，以及发生偿债危机、法律诉讼或仲裁、突发公共事件等重大风险事项，相关部门应在第一时间向审计机关报告，并通报后续风险处置进展情况，便于审计机关对风险进展及处置作出评估指导。

五是建立地方政府债务监管年度工作报告机制。由上级审计机关牵头，上级财政、发改、金融监管部门各方配合按年度编制下级地方政府《债务监管年度工作报告》，并向人大报告，建立“事前沟通、事中监控、事后评价”闭环管理机制，保证工作报告编报质量。编报前，审计机关应主动向人大征求报告编报意见，了解人大监督关注的重点焦点、尽可能做到报告满足使用要求。编报中，建立“预审、终审”双审制度，严格规范保证报告数据信息质量。编报后，依据格式规范性、内容完整性、上报及时性、工作配合度等因素，制定详细评价指标体系，由人大代表全面客观衡量报告支撑决策的有效性。

六是建立地方政府债务风险管理最佳实践认定机制。由审计机关对地方政府债务管理的程序和效果在实施审计的基础上予以评定，总结先进做法经验，并通报人大、财政财政部加以奖励、宣传和推广。

四、地方政府性债务审计重点

（一）事项行为专项审计

1. 审计目标

本节所称的事项行为审计是指对特定事项或行为的合规性、效率和效果进行的审计活动，主要包括：预算执行审计、经济责任审计、资源环境审计、工程项目审计以及各类专项审计调查等。通过此类审计审查和评估地方政府特定经济事项的决策和执行，审计类型，判断举债行为是否合规，绩效如何，有无隐性债务提出相关改进建议，在微观层面推动债务风险的显性化，落实决策主体责任，规范权力运行。

2. 审计对象及内容

选择审计项目时，应考虑《预算法》、地方债管理相关法律法规政策的监管对象及重点，兼顾项目重要性、关注度和风险水平，数据资料的支持度，债务类型（如直接债务、担保债务等），以往监督检查的结果，审计资源能力等因素，选择具有代表性、典型性的地方政府债务项目，围绕各环节开展审计。对于中央和省级审计机构来说，地方政府债务项目往往数量多、资金额度大、要科学选择审计对象，可以借鉴项目评级工具（PART）的思路，在打分的基础上将项目分类，将应当重点审计且资料齐备的债务项目排在第一类，应当重点审计但资料不齐的项目归集在第二类，项目本身重要性低、不具备审计条件的归于第三类，以此提高审计前期的工作效率（见表5－8）。

表5－8　　　地方政府性债务审计项目选择评估体系

指标类别	指标描述	分值比例
一、总体审计目标（50%）	1. 该项目是否有助于实现本次审计总体目标？	15%
	2. 该项目是否与本次审计关注的某个（些）具体问题直接相关？	15%
	3. 为达成审计目标项目涉及的债务资金的安排是否具有一定代表性？	15%
	4. 该项目是否与其他审计项目重复？	5%
二、项目审计资源与计划（20%）	1. 审计该项目是否符合审计机关的整体工作计划和审计周期的限制和要求？	5%
	2. 审计机关的资源和专业能力是否具备？	5%
	3. 项目重要审计资料数据是否具备，或者在约定时间内可收集齐全？	5%
	4. 项目审计计划是否成熟？	5%

续表

指标类别	指标描述	分值比例
三、项目审计组织和管理（15%）	1. 项目单位和责任人是否支持配合？	3%
	2. 审计方案能否全面覆盖地方债务规模、结构、风险等方面？	8%
	3. 对审计中可能出现的问题是否制定了应对预案？	4%
四、审计总体效果预期（15%）	1. 预期审计结果是否有助于控制地方政府债务的重大或重要风险？	6%
	2. 审计结果是否有助于真实、准确反映地方政府债务的实际情况？	6%
	3. 依据以往类似审计结果，对存在问题的重视和整改情况如何？	3%
总计		100%

在举借环节，关注举借债务资金的必要性、审慎性、举借的合规性，债券规模适当性；在资金使用环节，关注资金分配的公平性、资金投向的合规性、预算支出的真实性；在管理环节，关注债务制度的健全性、预算执行的有效性、项目推进的时效性；在偿还环节，关注还款来源、是否及时足额偿还、偿还能力、结果产出等。

3. 审计程序

整个审计流程是一个系统性的、多层次的审查过程，主要分为以下四个阶段：

第一阶段：审计机关应根据政策要求及项目实际制定审计工作方案，内容通常包括：基本情况、审计目标和依据、审计对象和范围、审计内容与重点、审计方法、组织与实施计划、资料收集与调查、相关报表等。之后，收集、汇总、分析资料（见表5－9），设计政府债务相关信息报表，组织被审计单位人员开展填报培训，通过深入分析反馈情况，发现审计线索，确定审计对象和重点。

表 5－9　　事项行为类审计主要资料（示例）

分类	具体材料
政府债务管理法规文件相关材料	1. 国家及地方政府出台的债务管理相关法律、法规和规章制度 2. 财政及主管部门制定的规章制度 3. 部门或行业的发展规划、年度工作计划 4. 部门的三定方案、单位预算属性与职责 5. 债权人对项目资金的财务管理要求 6. 相关行业或主管部门政府采购管理办法 7. 相关行业主管部门服务标准及管理办法
举借债务及项目决策管理相关材料	1. 债务性资金审批及管理材料 （1）《专项债券项目实施方案》《项目财务评价报告书》《项目法律意见书》 （2）入股协议、债务资金合同及招投标文件 （3）担保合同、金融机构出具的信用额度及贷款意向证明 （4）贷款协议、项目合同、转贷协定 （5）包含债务资金账户材料及拨付、到账、支出、还本付息等信息的会计账簿、原始凭证、记账凭证、银行对账单、余额调节表 2. 项目组织管理材料 （1）项目需求建议书、初步设计、可行性研究报告事前绩效评估报告 （2）实施方案 （3）立项专家论证意见（技术论证、经济论证） （4）立项单位法定权限（产权证明）、项目（预算）评审报告 （5）决策会议纪要及审批材料 3. 技术材料 （1）任务设计、技术标准、行业标准、历史标准、建设或服务等标准 （2）施工方案、活动方案、服务方案及工程方案、替代方案 （3）行业主管部门的报备信息与批复信息、安全鉴定及审批文件、相关网上申报 4. 预决算等材料 （1）项目预算及明细、项目预算测算说明 （2）政府采购材料：主要材料、设备的名称、型号、规格品牌、生产厂家、价格及依据；政府采购情况或招投标情况说明 （3）政府购买服务材料：人、财、物等预算定额、取费标准；购买服务情况或招投标情况说明 （4）反映项目资金安排、预算测算依据的其他相关文件规定；成本控制情况说明 （5）与项目设立和预算有关的其他材料 （6）工程竣工验收、交付及工程结算材料
过程控制和风险评估相关材料	1. 财务管理制度材料，如项目资金或预算管理办法 2. 项目管理制度材料，如被审计单位合同管理制度、与项目实施相关的委托代理协议、招投标文件或购买服务协议 3. 债务资金内控制度及组织管理制度 4. 地方政府性债务统计报表、本级政府预决算报告、综合财务报告、被审计单位预决算报告、财务报告

城投公司通常是由地方政府设立的国有公司，主要负责城市基础设施建设和公共服务项目的投融资工作。政府债务专项审计旨在对城投公司的债务状况进行全面的审查和评估，以确保债务的可持续性，防范财政风险。以下是针对城投公司的政府债务专项审计调查表的设计示例，旨在全面了解城投公司的债务状况，评估其偿债能力和风险，为政府提供决策参考。审计过程中，应根据实际情况对调查表（见表5－10）进行适当调整和补充，确保审计结果的准确性和有效性。参见专栏5－2。

表5－10　城投公司债务风险专项审计调查资料清单

审计调查项目	详细内容及说明	备注
基本信息	公司名称、成立时间、注册地、主要业务范围等	
债务总额及结构	总债务额、债务类型（短期、长期）、债务来源（银行贷款、债券发行等）	
债务性质	从债权人、债务条款等方面判断城投公司和地方政府在债务中承担的责任	
债务期限及偿还计划	各类债务的到期时间、偿还计划、偿债资金来源	
债务资金使用情况	资金投向、项目进展、预期收益等	
资产负债率及变动情况	近几年的资产负债率变化情况，分析其变动原因	
偿债能力分析	流动比率、速动比率、利息保障倍数等偿债能力指标分析	
财务状况及盈利能力	收入、成本、利润等财务指标，以及盈利能力分析	
债务风险及应对措施	面临的主要债务风险、已采取的应对措施及效果	
政府支持情况	政府对城投公司的财政补贴、政策支持等	
法律法规遵守情况	公司债务管理是否符合相关法律法规要求	
内部控制及债务管理制度	内部控制制度建设情况、债务管理流程等	
债务信息披露情况	债务信息是否按要求定期、准确披露	
审计意见	审计过程中发现的问题、建议等	
附件	相关财务报表、债务合同、政府批文等附件	

专栏 5－2

一、公司层面资料清单

1. 债权债务管理、融资管理、供应链业务相关管理制度办法；供应链业务相关核算制度办法。

2. 公司章程，三重一大事项清单；债权、债务及融资管理相关党委会议记录、纪要及决议；董事会会议纪要及决议、总经理办公会议纪要。

3. 近三年有息负债、资产证券化、应收账款保理、负债端供应链业务及对外担保管理台账、决策审批资料及相关合同，表外融资和担保情况说明；近三年风险管理报告，内控评价报告；资产证券化等出表业务风险排查报告。

4. 近三年中期调整预算，财务预算执行情况报告，以及决算与预算偏差原因分析。

5. 企业债务整体情况。说明企业面临的债务风险及形成的主要原因，主要困难、项目债务风险形成的主要原因和企业采取的控制措施、取得的成效。

6. 诉讼案件台账及相关诉讼资料，民企清欠日常台账、线索核实，相关重大事项的专项说明。

7. 投资项目的可行性研究报告及相关决策资料，投资项目、对外股权投资管理台账、决策审批资料及合同协议。

8. 实质性控制表外项目公司清单，项目投资相关决策审批资料、合同协议；项目公司治理结构及公司章程、管理制度、融资方案及融资具体方案、融资担保业务台账、财务报告、融资及资金使用说明、财务情况说明书及其他审计所需资料。

9. 问题资产台账（分单位、分项目、分会计科目的瑕疵问题资产清单），产生的原因分析及消化情况说明。大额计提减值资产清单及审批资料。

10. 公司清收清欠效果，公司清收清欠台账，三年以上应收账款明细及未收回原因；工程项目现金流自平衡统计表和垫资情况，具体说明项目现金流不能自平衡的原因及其对公司资金状况的影响。

11. 财务报告、决算报表及合并底稿电子版；近三年经济活动分析资料。

12. 审计组现场需要提供的其他资料。

13. 公司机械台账、周转材料台账。

二、项目层面审计调查所属资料清单

（一）验工计价资料

1. 最近一期的签字盖章版业主验工资料。

2. 合同或清单内业主滞后或超计价金额明细表。

3. 变更索赔台账、合同外预估价差调整明细表、政策性调整明细表、变更索赔预估收入明细表及相关附件、证明资料。

4. 施工总承包合同及补充合同。

（二）物资相关管理台账

1. 物资采购合同台账、材料收发台账、物资盘点表、物资结算及付款台账。

2. 周转材料的采购台账、周转材料摊销表、周转材料盘点表。

3. 废旧物资处理协议、公司审批意见、废旧物资处理台账。

4. 限额发料及物资设备消耗扣款核算台账。

（三）机械管理台账

1. 机械采购及租赁合同台账、机械设备进出场台账。

2. 机械设备结算及付款台账。

（四）劳务分包及结算

1. 劳务合同（含补充合同）及其他合同台账。

2. 劳务分包结算台账。

（五）目标责任书

1. 目标责任成本书。

2. 责任成本表。

（六）责任成本分析、经济活动分析

1. 责任成本分析。

2. 最新经济活动分析报告及套表。
3. 项目奖励、罚款明细台账。
4. 多列成本清单、凭证及附件。
5. 未入账成本费用相关附件资料。

第二阶段：做好报表初步审核和汇总，对前期发现的审计线索开展重点审计。组织项目业主、项目管理部门、施工方、技术专家等共同构成现场踏勘小组，选取项目重点及疑点开展实地调研和访谈工作，对照举债相关法律法规和实施方案，关注债务资金使用管理现状及效果。本节将违规举债的典型问题和外在表现串联成逻辑链如图 5 – 1 所示，审计人员可以在审计过程中逐一对照，以识别主要问题。

这一阶段是审计工作的核心。首先，明确项目类型，如政府购买服务、特许经营等，从项目公司治理结构、筹集资金来源等方面详细审查政府签订的相关合同和协议。之后，进一步分析是否存在资产注入，政府融资信用支持，土地储备、开发整理等相关内容，结合原始凭证、银行对账单、资产明细等分析财政资金使用情况（见表 5 – 11、表 5 – 12、表 5 – 13），识别其与预算管理合规性，以及是否存在付费承诺、最低报酬保障等隐性债务。

表 5 – 11　　债券工程项目资产质量情况表（示例）

<table>
<tr><td colspan="9">一、项目基本情况—财务填写</td></tr>
<tr><td>项目名称</td><td>工程类别（铁路、公路、水利……）</td><td>项目所在地（＊省＊市）</td><td>合同总额</td><td>合同工期</td><td>开工时间</td><td>实际竣工时间或预计竣工时间</td><td>截至 2023 年 12 月末完工百分比</td><td>项目状态（在建、收尾、竣工已决算、停缓建）</td></tr>
<tr><td colspan="9">二、项目收入情况—主管部门填写</td></tr>
<tr><td colspan="3">政府性基金收入</td><td colspan="3">专项收入</td><td colspan="3">截至＊年＊月的预估收入（需佐证资料）</td></tr>
<tr><td colspan="9">三、已投入资金—项目财务等业务部门分析填写</td></tr>
<tr><td colspan="2">财政拨款</td><td colspan="2">专项债资金</td><td colspan="2">其他资金</td><td>总拨款比例</td><td colspan="2">合同约定的支付比例</td></tr>
</table>

续表

四、项目可变现及债务情况—财务填写						
项目可变现净值	应付工程款	预收账款				
五、债务到期情况—按合同约定分析填列						
合同约定已到期债务余额	其中：1 年以内到期	1 年以上到期				
六、债务款项性质分类						
应付工程及劳务款	应付材料款	应付租赁费	应付设备采购款	应付勘察设计咨询费	应付物资贸易款	其他
七、已到期债务及未支付原因—按项目资金缺口类型分析填列						
项目盈余（+）/潜亏（-）	项目收益未达到预期无力支付	未按比例及时支付	滞后结算影响	其他原因（请具体说明）		
八、涉诉、仲裁情况						
诉讼中	诉讼或仲裁须支付					
九、中小企业欠款情况						
已到期无分歧	已到期有分歧	其他	其中：涉诉金额			
十、民营企业欠款情况						
已到期	未到期	其中：涉诉金额				
十一、其他债务明细分类						
应退未退保证金	其他债务					

表 5－12　　其他可变现资产质量情况表（示例）

<table>
<tr><td colspan="6">资产基本情况</td></tr>
<tr><td>主责单位（＊公司本部、所属子分公司、分支机构名称）</td><td>资产类别（存货/其他流动资产/长期待摊费用/固定资产/无形资产等）</td><td colspan="2">资产名称</td><td colspan="2">资产购置或形成时间</td></tr>
<tr><td rowspan="2">资产购置或形成时间</td><td colspan="5">报表日期末金额</td></tr>
<tr><td>账面原值</td><td>减值准备/累计折旧</td><td>净值</td><td colspan="2">与资产相关的资本化利息</td></tr>
<tr><td rowspan="2">市值/自我评估鉴定金额（净值）</td><td rowspan="2">不良资产金额</td><td colspan="4">权益性投资等投资类资产</td></tr>
<tr><td>被投资单位名称</td><td>初始投资时间</td><td>初始投资成本</td><td>持股比例（%）</td></tr>
</table>

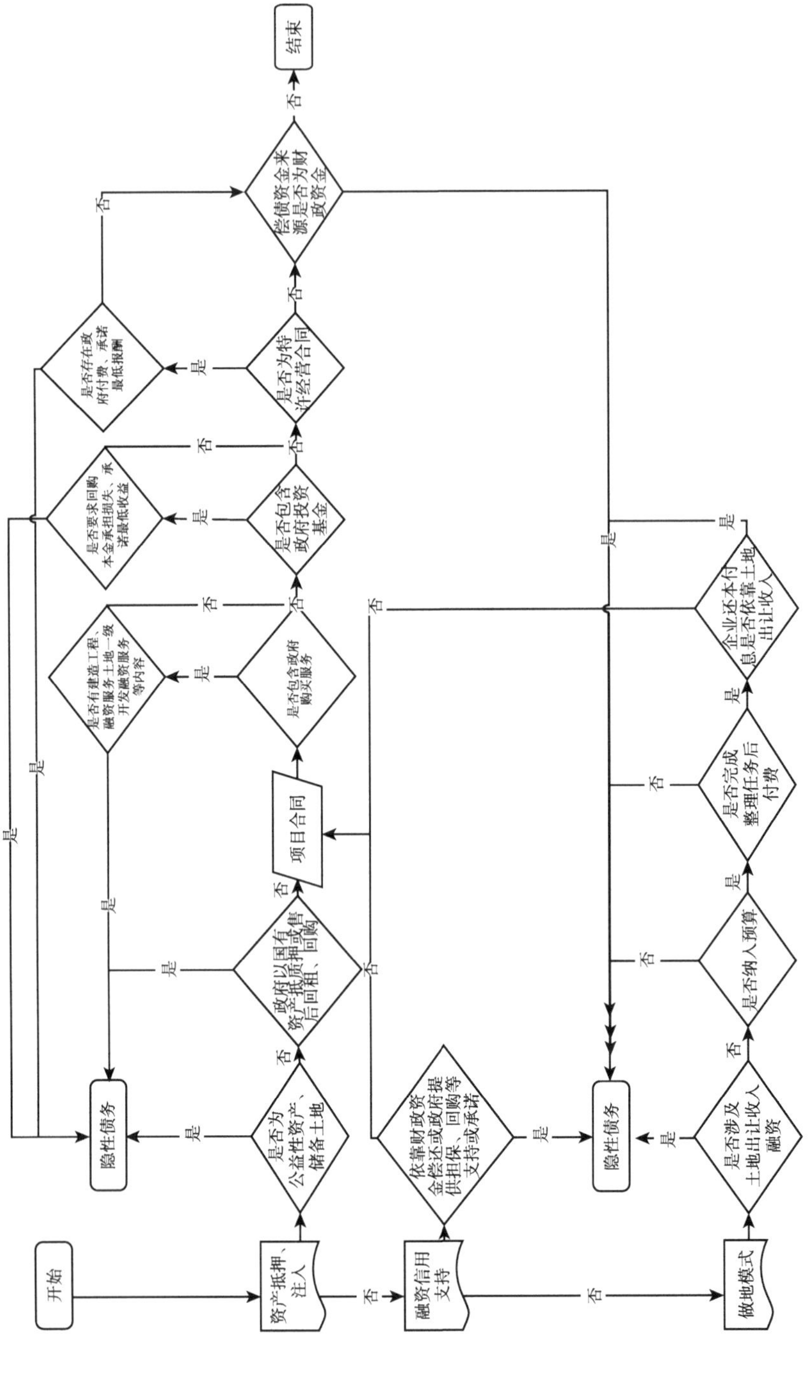

图5-1 违规举债的典型问题和外在表现逻辑链

表 5－13　　　　融资平台表外项目债务情况表（示例）

项目	期末		××年末债务余额到期分布情况					
	金额	利息支出/融资费用	1 年内到期	1—2 年内到期	2—3 年内到期	3—5 年内到期	5—10 年内到期	10 年以上到期
一、融资性债务	—	—	—		—	—	—	—
1. 银行贷款								
2. 应付债券融资								
3. 银行承兑汇票								
4. 商业承兑汇票								
5. 中铁 E 信、云信等其他的负债端供应链业务								
6. 融资租赁、售后回租								
7. 其他表内融资性债务								
二、隐性债务	—	—	—		—	—	—	—
1. 永续债、债转股等权益端融资								
2. 出表应收账款保理（含业主承担费用）								
3. 出表资产证券化余额（ABS、ABN 等）								
4. 分期付款设备购置等隐性融资性租赁								
5. 表内项目公司明股实债								

续表

项目	期末		××年末债务余额到期分布情况					
	金额	利息支出/融资费用	1年内到期	1—2年内到期	2—3年内到期	3—5年内到期	5—10年内到期	10年以上到期
6. 已承诺基金购买								
7. 已承诺股权投资								
8. 其他已承诺支付								
9. 其他隐性融资								
三、到期必须支付的债务	—	—	—		—	—	—	—
1. 诉讼或仲裁必须支付的债务								
2. 已到期无分歧的中小企业欠款								
3. 按国家相关规定应退未退的各类保证金、押金等								
4. 其他必须支付的到期债务								
四、或有负债	—	—	—		—	—	—	—
1. 对外担保（信用借款、抵押借款、保证借款、抵押借款）								
2. 对外保函								
3. 诉讼仲裁								
4. 其他事项								
五、其他债务	—	—	—		—	—	—	—

续表

项目	期末		××年末债务余额到期分布情况					
	金额	利息支出/融资费用	1 年内到期	1—2 年内到期	2—3 年内到期	3—5 年内到期	5—10 年内到期	10 年以上到期
1. 拖欠职工工资								
2. 应交各项税费								
3. 欠缴社保费用								
六、刚性债务合计	—	—	—		—	—	—	—
七、应付账款情况	—	—	—	—	—	—	—	—
1. 应付参建单位工程款								
2. 应付勘察审计、监理费用								
3. 应付工程设备及材料费								
4. 应付征地拆迁费款								
5. 应付工程建设其他费用								
6. 应付其他费用								
八、其他债务	—	—	—	—	—	—	—	—
1. 应付职工薪酬								
2. 应交各项税费								
3. 各类保证金及押金								
4. 各类暂收款								
5. 其他								

第三阶段：汇总审计情况，撰写审计报告，通过综合分析、意见征询，区分责任主体，征求被审计单位意见修改后形成客观、公正、全面

的审计结论，报经批准形成正式审计报告。

第四阶段，督促整改及成果运用。一般情况下，审计机关在发现地方政府债务管理中的问题后，会正式通知相关地方政府或部门进行整改。要求地方政府或相关部门明确整改责任人，制定整改方案，明确整改措施和完成时限。审计机关应持续跟踪整改进度，确保整改措施得到有效执行，并及时解决整改过程中出现的问题，对于审计中发现的违法违规行为，审计机关视情况通报或移送至有关部门，并依法依规进行问责。地方政府或相关部门完成整改后，审计机关应对整改结果进行评估，将整改结果向社会公开，接受社会监督，提高整改工作的透明度和公信力。

4. 需重点关注的审计问题

相对而言，目前，显性债务的审计相对有成熟的审计程序，但隐性债务认定的难度相对较大。本节梳理了当前地方政府隐性债务的典型问题案例及整改要点，以供开展审计参考（见表5－14）。

表5－14　近年来地方政府隐性债务的典型案例及整改要点

类型	案例	简析	整改建议
1. 用未来土地上市交易后的出让收入作为还款来源	2008年以来，随州市、咸宁市、鄂州市及所属华容区、荆州市及所属荆州区、宜昌市及所属宜都市、黄冈市黄梅县、恩施州恩施市、荆门市钟祥市等地政府，以及武汉东湖新技术开发区管理委员会、襄阳东津新区（襄阳经济技术开发区）管理委员会与湖北联投集团有限公司、湖北省原交通投资集团有限公司（现湖北交通投资集团有限公司）、湖北省原文化旅游投资集团有限公司（现湖北文化旅游集团有限公司）等3家省属国有企业签订协议，由3家企业垫资承担一级土地整理开发、基础设施建设等城市综合开发业务，地方政府以土地收益偿付企业开发成本及适当收益。	由企业垫资一级土地整理开发，形成政府欠企业的债务，而土地收益是政府性基金收入，应当上缴财政，逻辑上形成以财政资金偿还非债券性债务。	1. 在投融资管理和城市更新决策机制中明确此类项目只能政府实施土地征收，杜绝政府与企业合作开发土地的操作模式； 2. 废除相关条款，积极协商偿还债务； 3. 开展追责问责。

续表

<table>
<tr><th>类型</th><th>案例</th><th>简析</th><th>整改建议</th></tr>
<tr><td rowspan="3">1. 用未来土地上市交易后的出让收入作为还款来源</td><td>2016 年 2 月起，广西柳州市北城投资开发集团有限公司、广西柳州市城市建设投资发展集团有限公司、广西柳州市轨道交通投资发展集团有限公司、广西柳州市东城投资开发集团有限公司依据市委常委会会议、市政府常务会议决议，垫资承担应由财政预算安排的土地一级整理开发、代行土地收储等业务。2018 年至 2021 年 6 月末，形成新增隐性债务 176.95 亿元。</td><td>由企业垫资一级土地整理开发，形成政府欠企业的债务，而土地收益是政府性基金收入，应当上缴财政，逻辑上形成以财政资金偿还非债券性债务。</td><td rowspan="2">1. 在投融资管理和城市更新决策机制中明确此类项目只能政府实施土地征收，杜绝政府与企业合作开发土地的操作模式；
2. 废除相关条款，积极协商偿还债务；
3. 开展追责问责。</td></tr>
<tr><td>由市土储依据市政府批准的做地实施方案，与市级做地主体、实施主体和区政府（管委会）签订做地协议；实施主体和区政府（管委会）按照各自职责分工开展做地工作，具备收储条件的地块，由实施主体申请验收。市土储负责组织相关部门最终验收。验收合格的，经政府批准纳入土地储备库。市财政局根据年度项目预算和工作进度预拨做地资金。
市土储向市财政局提出申请，市财政局按市政府批准的做地实施方案确定的标准予以拨付。</td><td>土地收储一般由政府实施，对于其中的城投公司只能是作为政府购买服务的承接主体参与，而不能代替政府实施收储行为，更不能提供融资。之后由土储机构向城投公司收储穿透来看是政府向谁资本的融资行为。</td></tr>
<tr><td>× × 县城乡环卫转运设施及固废处置中心建设项目，项目评估价格 2 亿元，特许经营期限 30 年（其中建设期 3 年，自项目开工日起至交工日止；运营期 27 年，自本项目收费批复之日起至项目移交日止）项目采用特许经营模式，政府不向特许经营单位补贴任何费用。第一中标候选人为 × × 投资建设有限公司，投资回报率 6%；第二中标候选人为 × × 发展有限公司，投资回报率为 5%。</td><td>本项目中，尽管强调了“政府不向特许经营单位补贴任何费用”，但由于投资回报率采用固定比例的方式在特许经营权转让合同中约定，这些固定收益，在特许经营未达到预期目标时，基本来自于财政资金。同时，有了投资回报的约定，投资方就不用担心未来特许经营能否达到预期目标，也不会有很大动力努力改善经营服务水平，应被列为政府隐性债务。</td><td>采用市场化方式运营；按经营绩效获取对应的经营收益。</td></tr>
</table>

续表

类型	案例	简析	整改建议
2. 承诺项目固定回报	××项目实施内容包括项目整体开发策划、片区开发前期费用投资、片区配套基础设施投资建设、片区配套服务设施投资建设、城市运营服务等，本项目合作期限暂定6年，其中建设期4年。项目静态总投资暂56亿元，项目公司注册资本2亿元。招标人出资10%，即2000万元；中标人出资90%，即18000万元。 中标人：××建设集团，中标价格：建筑安装工程费下浮率（房屋建筑工程类）：以财政预算审定价为基准下浮7%；建筑安装工程费下浮率（市政公用工程类）：以财政预算审定价为基准下浮8%；设计费下浮率：以每个子项目批复的初步设计概算为基数，参照国家《工程勘察设计收费标准》（计价格〔2002〕10号）计价标准下浮30%；城市经营费用系数：6%。	本项目由建筑施工企业中标，其专业优势在于建设，不在于运营，所以这类中标企业更加关心施工利润，这也是本项目建设期长于运营期的重要原因。城市经营费用系数是对城市运营服务给予的回报，这部分按照投资的一定比例由政府给付而脱离了建设运营本身的绩效，所以形成隐性债务。	采用市场化方式运营；按经营绩效获取对应的经营收益。
3. 通过企事业单位名义违规举债	1. ××市中心医院为医共体牵头医院，与3间市直公立医院、9间乡镇卫生院、2间社区卫生服务中心组成××市县域医共体，医共体内实行行政、人员、财务、质量、药械、信息系统六个方面统一管理，集中核算、统筹运营，运用县域“医共贷”模式申请设备更新贷款。 2. 该笔贷款按照《关于设立设备更新改造专项再贷款有关事宜的通知》（银发〔2022〕211号）规定，专项再贷款设立2000亿元额度，利率1.75%，为期1年，可展期两次，执行至2022年末。主要针对国有21家大行，发放的2022年9月1至12月31日期间发放的名单内贷款主体设备购置更新项目不高于3.2%的贷款，财政部门给予2.5%的贴息，企业实际承担最高0.7%。	社区卫生服务管理中心、乡镇卫生院等多数为财政全额拨款的事业单位，按照“收支两条线管理”，如果获得银行贷款，未来的还款资金仍是财政资金，视为政府债务，但不符合《预算法》第三十五条规定，所以在此情况下属于违规举债行为。	1. 与政策性银行协商解约； 2. 提前偿还债务。

续表

类型	案例	简析	整改建议
4. 违法违规发债	北京《关于2022年度省级预算执行和其他财政收支的审计工作报告》披露，2020年个别区的老旧小区电网配电设施改造工程，实际没有对应的专项收入来源，不符合地方政府专项债券举借条件，但仍举借专项债务2000万元。	将纯公益项目发行专项债，或者在融资平衡方案中将与项目没有实质关联关系的收入，如无资产所有权的相关收入或土地出让收入等作为还款来源，以满足融资收益自平衡要求。	对存量债务，应进一步判断债券品种选择的适当性，甄别认定无收益的专项债和存量隐性债务，纳入一般债务分析管控。对于已发债项目，应及时终止、偿还相关债务。
5. 政府部门以分期支付的方式与地产开发商结算房票资金	城中村拆迁中，对被征收人进行的一种类货币化安置方式，将计划安置的房屋结转为一定的货币金额，以统一式样的房票形式提供给被征收人。被征收人自行向参与房票安置工作的房地产开发企业购买商品房，包括住宅、商业、商办、工业和车位，以房票抵顶购房款。经不动产登记机构受理新建商品房合同网签或完成产权过户后，房地产开发商向相关区政府指定部门申请办理结算。政府部门以分期支付的方式与地产开发商结算房票资金，被征收人完成房票购房后支付票面金额的10%，城中村土地拆迁平整后支付票面金额的20%，城中村土地出让（划拨）后支付票面金额的70%。	地方政府主管部门购房人，理应支付购房款，但以“欠条”的形式延期分笔支付，且期限大于一年，《中华人民共和国土地管理法实施条例》第三十二条第三款规定，申请征收土地的县级以上地方人民政府应当及时落实土地补偿费、安置补助费、农村村民住宅以及其他地上附着物和青苗等的补偿费用、社会保障费用等，并保证足额到位，专款专用。有关费用未足额到位的，不得批准征收土地。	政府不能直接以房票收购存量房，可以组织国有企业收购商品住房用作保障性住房。

续表

类型	案例	简析	整改建议
6. TOT 项目	TOT 是指政府将存量资产所有权有偿转让给社会资本或项目公司，并由其负责运营、维护和用户服务，合同期满后资产及其所有权等移交给政府的项目运作方式。××市水库建设运营项目，资产总额价值约 7 亿元，第一中标候选人××市交通建设投资有限公司以 13 亿报价中标。	拟采用转让—运营—移交（TOT）等方式盘活存量资产的项目，应具有长期稳定经营性收益，严格履行国有资产评估、转让程序，合理确定转让价格。TOT 项目不得由本级政府实际控制的国有企业作为社会资本方搞“自我循环”，不得通过将无经营性收益的公益性资产有偿转让或者分年安排财政资金支付资产转让成本等方式虚增财政收入。	终止项目，清理出售相关资产，或依法依规重新论证项目实施内容，招选社会资本方。
7. 特许经营项目	××市 A 区“城市大管家”特许经营项目包含建设项目与匹配资源运营（使用者付费）、公共服务（运营补贴）两部分。建设项目与匹配资源运营包含：收集收运房（亭）、“渗漏液”处置厂、垃圾分类科普馆、绿化提升改造、转运站改造、公厕改造 6 个项目建设及匹配资源运营。该项目特许经营期为公共服务 8 年，总计约 17 亿元；建设项目及匹配资源运营 16 年（含 1 年建设期），建设项目总投资 1 亿元。	《基础设施和公用事业特许经营管理办法》中规定：“特许经营项目融资应当依法保护各方合法权益，稳妥处置债权债务关系。不得承诺以各类财政资金担保或者作为还款来源，防止新增地方政府隐性债务。”而该项目只能采用政府付费模式，补贴部分远远高于前期投资，运营 16 年形成长期支出责任。	改为采用政府购买服务形式，合同履行期限不超过 3 年，中标人第一年服务期满后由政府对履约情况进行考核评估，视结果决定是否续签。

续表

类型	案例	简析	整改建议
8. 投资 + EPC 模式	××市基础设施建设项目估算投资约40亿元，其中征拆资金约20亿元，建设资金约15亿元，已出让土地共三宗需政府收回，补偿资金约5亿元。项目整体拟采用“ABO（授权—建设—运营）+资源补偿”模式进行运作，由政府通过授权文件确定××市城投公司为项目ABO实施机构，再由该公司经公开招标采购确定项目投资人及EPC总承包方，合作方式为股权投资+EPC总承包方式，项目合作期限暂定为8年（含建设期3年）。	向政府指定机构转让股权或是由政府直接回购股权，都为政府对社会资本的未来支付承诺，属于违规举债。	终止项目，或依法依规重新修订项目条款和实施内容。
9. 运营部分无实质内容	×项目实施内容主要包括×公路建设和养护，建安费总计约30亿元，建设总里程100公里，建设期3年；养护期5年，由社会资本承担项目的实施建设（含资金筹集、总承包施工）及交工验收后5年的养护工作，政府方依据项目建设及养护的绩效评估情况，向社会资本支付费用。合同期满后，项目的养护工作交由地方政府承担。	《关于深化农村公路管理养护体制改革的意见》（国办发〔2019〕45号）要求，“严禁地方以‘建养一体化’名义新增隐性债务……”道路养护属于维持道路正常功能的必要活动，不属于运营范畴。该项目本质上是将正常付对建设工程款项以运营期服务费的名义延期支付，形成隐性债务。	清欠工程款或依法依规重新修订项目条款和实施内容。

（二）政府决算与财务报告审计

不难得出，政府涉及地方政府债务的重要财务项目和信息除涉密内容外，都应纳入决算报告和财务报告。以往在显性债务和隐性债务分别监管的情况下，大量隐性债务未能纳入财政府报表，使得报表审计的工作所产生的价值有限。未来，应对报表审计高度重视，充分借鉴国外报告审计的先进经验，结合我国地方政府债务的形势和要求，不断完善，以最大限度地发挥报告的决策和监督功能。

1. 审计目标

本节所称的政府决算和财务报告审计是指对决算（草案）、政府部门和综合财务报告等审计中对地方政府债务规模和比例是否符合法律法规要求，在人大批准的范围内，以及地方政府各类债务在决算及财务报告中反映的真实性、完整性、适当性发表意见，主要包括决算（草案）审计及政府财务报告审计。

2. 审计对象及内容

地方债审计不仅看项目，还需通过决算和财务报告审计综合判断一级政府与债务相关的资金收支、财务状况、运行情况，包括对一般公共预算及政府性基金预算、国有资本经营预算、社会保险基金预算执行和决算草案开展审计，对部门（单位）预算执行情况开展专项审计调查，以及单位、部门、政府财务报告的审计。政府决算与财务报告审计是将地方政府性债务审计从点上升到面的必要机制。主要包括以下内容：一是判断政府所有债务资金收支是否已纳入决算报表，在政府财务报表中反映的债务存量及变动情况是否真实。检查政府财务报表的编制和与报告相关的政府财务活动是否遵守了预算管理与政府会计准则制度相关法律法规和政策。二是确保所有符合确认计量条件的政府债务都在报表中反映，对于影响报表使用者判断，但无法在报表中确认或难以量化的重要债务信息应当予以披露。三是审查报表是否公允地展示了政府的财务状况，没有夸大或低估资产和负债，判断报表中债务的数字和信息是否准确无误。四是从报表入手审计地方政府是否建立债务管理、隐性债务认定的规范流程，执行是否到位，对债务清偿化解的认定明确统一标准，分析债务化解是否真实有效，以及债务化解与清理企业欠款的统筹推进情况、紧盯化债资金来源是否符合规定。五是评估部门财政财务管理情况、相关电子数据及信息系统设计运行情况。

3. 审计程序

政府决算与财务报告审计主要按照《政府财务报告审计办法（试

行）》（审办财发〔2020〕74 号）的规定，主要依照《审计法》《审计法实施条例》及《国家审计准则》的规定实施，包括：制订审计计划、收集数据、获取审计证据、形成审计报告等环节。

在确定审计重要性水平时，应当考虑债务相对小的金额可能不重要，但对认定债务风险，采取预警或提示、列为债务重点地区有重要作用以及有助于识别导致地方政府严重违反债务监管法规的错报。

对于可能导致报告发生重大错报的重点审计领域包括：涉及各类隐性债务的表外业务、不符合地方政府债务监管法律法规的交易和事项、发生重大变动的决算及财务报表项目、地方政府投融资的复杂交易安排、政府部门内部及其与城投公司、社会资本方之间的项目交易，特别是受到最新法规政策变化影响的事项等。

在地方政府审批控制有效性方面，审计人员应当重点关注对于举债融资项目论证、审批决策、全口径债务在监管系统中的申报、债务资金预算收支管理等相关审批、监测、记录等控制是否合法有效。

审计人员对涉及地方政府债务的各类交易、账户余额、列报应做必要的分析，包括债务预算收入、本金和利息支出等以确定其总体合理性，应关注对于和债务相关的公共基础设施、受托代理资产、专项债资产等是否单独反映。此外，审计人员还应关注各类项目协议评价约束力和会计处理的适当性，对涉及地方债的交易和行为实施调查、函询等程序，获取经利益相关方确认的地方债事项、金额相关的证据。

在对政府财政、部门、单位、金融机构、项目实施机构、社会资本方之间确认的地方政府债务相关重要事项经过必要的授权审批程序，相关信息已按政府会计准则制度、财政总会计制度等相关规定予以列报和披露。

2023 年，财政部修订印发了《政府财务报告编制办法》（财库〔2023〕21 号）、《政府部门财务报告编制操作指南》（财库〔2023〕22 号）和《政府综合财务报告编制操作指南》（财库〔2023〕23 号）三项制度。从涉及债务内容的主要变化看，政府部门财务报告的财务分析部分补充要求：对其他负债在总负债中占比超过10%、货币资金占资产比超25%的情形需单独分析，同时对于政府部门负债总额变化情况及原因也需展开说明。为地方政府性债务审计提供了重要支撑。在部门财务报告中，将政府债务相关附注细化为使用专项债资金和其他债务资金两部分，并补充了累计使用债券资金金额的说明要求，在报告附件中补充提供应付工程款情况表；政府综合财务报告在“在需要说明的其他事项”中新增“政府债务限额及余额情况”，补充了“可变现资产负债率”，更加客观地反映报告主体的可偿债财力，运行情况分析中，增加财务费用比重指标，反映包括利息负担和汇兑损益在内的各项费用在政府总费用中的占比。财政中长期可持续性分析中新增“人均政府带息负债负担”。这些举措有助于更加有效地反映部门负债、费用等权责发生制要素的规模、结构，科学反映政府运营前景和偿债能力，从而有效开展债务审计。

对于进入财政重整阶段的地方政府，审计人员应通过分析相关财务报表指标、检查债务协议条款的遵守情况、对基本民生和运转支出的保障情况、查阅政府决策会议纪要、询问涉及地方债务的诉讼索赔情况、函证银行、检查项目资本金等方式判断地方政府财政重整的迹象及必要性、合理性，评估地方政府债务危机应对与财政恢复能力。

审计人员应当在实施必要的审计程序后，对决算（草案）、政府财务报告进行总体复核，根据经过核实的审计证据形成审计意见，出具审计报告，并根据《预算法》《审计法》等相关法律法规的要求决定是否将重大事项向上级政府和审计、监管等部门报告。

4. 需重点关注的审计问题

《政府会计基本准则》中规定，本准则适用于各级政府，与本级政府财政部门直接或者间接发生预算拨款关系的国家机关、军队、政党组织、社会团体、事业单位和其他单位。按照新政府会计制度《政府会计准则第9号——财务报表编制和列报》、2019年1月1日起实施的新政府会计制度《政府会计准则制度解释第2号》等规定，部门（单位）

合并财务报表的合并范围一般应当以财政预算拨款关系为基础予以确定。纳入本部门预决算管理的行政事业单位和社会组织（包括社会团体、基金会和社会服务机构，下同）都应当纳入本部门（单位）合并财务报表范围，即主要按照单位属性加以确定。《部门决算管理办法》（财库〔2021〕36 号）中规定：本办法所称各部门是指与本级政府财政部门直接发生预算缴拨款关系的国家机关、政党组织、事业单位、社会团体和其他单位，涵盖范围与部门预算相对应。各单位是指部门所属预算单位，含经费自理事业单位。

但与决算管理的范围并不完全一致，如：不属于决算管理范围的自收自支事业单位，单位本身的属性为事业单位，仍然属于政府部门财务报告的编制范围。

国有资产的编报统计口径与政府会计准则制度的口径也不一致，例如，2023 年度行政事业性国有资产报告编制说明中提及：执行企业类会计准则制度的事业单位不列入填报范围，但《政府会计准则制度解释第 2 号》规定：部门（单位）所属的纳入企业财务管理体系执行企业类会计准则制度的事业单位，应当纳入部门（单位）合并财务报表编报范围，这在一定程度上导致资产与负债范围不统一、不对应。

此外，同时还需界定清楚政府关联方，参考 IAS24 的规定：关联方披露——政府控制的实体应披露与政府的交易，具体说明政府的名称及其与报告实体之间关系的性质（即控制、共同控制或重大影响），以及每笔单独的重大交易信息的性质和金额，并提供足够详细的信息，使该实体财务报表的使用者能够了解关联方交易对其财务报表的影响，对于关联方我国政府会计尚未有相关规定。

政府会计制度的执行主体与编制财务报告和预决算报告的编制主体存在差异，由于口径差异进而导致部门财务报告层面当期盈余和预算结余、地方政府债务与部分资产间可能缺乏比较基础，报表审计要分析地方政府偿债义务与资产、费用与资金收入支出的对应关系需要在决算报表和财务报表基础上做适当的延伸（见表5－15）。

表5－15　　政府财务报告与预决算报告编报范围的差异

机构类型	执行政府会计准则制度	纳入部门财务报告合并编报范围	纳入部门预决算编报范围
国家机关	√	√	√
政党组织	√	√	√
社会团体	√	未统一规范	未统一规范
其中：1. 执行《民间非营利组织①会计制度》的社会团体	×	×	√
2. 与行政机关脱钩的行业协会商会	未统一规范	×	未统一规范
3. 挂靠部门（单位）的没有财政预算拨款关系的社会组织以及非法人性质的学术团体、研究会等	未统一规范	×	未统一规范
4. 纳入部门预决算管理的社会组织（不包括2019年1月日前执行《民间非营利组织会计制度》的社会组织）	√	√	√
5. 与同级财政部门有预算拨款关系的社会团体	未统一规范	√	未统一规范
事业单位	√	√	√
其中：1. 已纳入企业财务管理体系的单位	×	×	未统一规范
2. 企业集团中纳入部门预算编报范围的事业单位（不含执行《军工科研事业单位会计制度》的事业单位）	√	√	√
3. 部门（单位）所属②的未纳入部门预决算管理的事业单位	未统一规范	√	未统一规范

① 民间非营利组织包括依照国家法律、行政法规登记的社会团体、基金会、民办非企业单位和寺院、宫观、清真寺、教堂等。

② 根据《政府会计准则制度解释第4号》：部门（单位）所属事业单位，其所属关系应当根据以下原则确认：1）存在财政预算拨款关系的事业单位，以财政预算拨款关系为基础确认所属关系。2）实行经费自理的事业单位，按照《事业单位法人证书》所列举办单位确认所属关系。涉及两个或两个以上举办单位的，按排序第一的举办单位确认，纳入该举办单位的合并财务报表编制范围；举办单位之间有协议、章程或管理办法约定的，按约定执行，不得重复编报。

续表

机构类型	执行政府会计准则制度	纳入部门财务报告合并编报范围	纳入部门预决算编报范围
4. 部门（单位）所属的纳入企业财务管理体系执行企业类会计准则制度的事业单位	×	√	√
5. 企业化管理的事业单位	未统一规范	√	未统一规范
6. 自收自支事业单位	未统一规范	√	未统一规范
军队	×	×	×
其中：与本级政府财政部门直接或者间接发生预算拨款关系的军队	√	未统一规范	未统一规范
部门（单位）财务部门按规定单独建账核算的会计主体，如工会经费、党费、团费和土地储备资金、住房公积金等资金（基金）会计主体	×	×	×
企业	×	×	×
其中：1. 部门（单位）所属的企业	未统一规范	×	未统一规范
2. 企业下属的事业单位	未统一规范	×	未统一规范
3. 纳入部门预算编报范围的本级预算经费以及所属事业单位	未统一规范	未统一规范	√
工会	——		
其中：1. 县级及以上总工会和基层工会组织	×	未统一规范	√
2. 工会所属事业单位	√	未统一规范	未统一规范
3. 工会所属企业	×	未统一规范	未统一规范
4. 挂靠工会管理的社会团体	×	未统一规范	未统一规范

资料来源：根据相关会计准则制度、预决算规定整理。

综上所述，从制度层面看，由于我国政府财务报告制度正逐步完善，开展审计需要一定的实施基础，《政府财务报告审计办法（试行）》也未对此做强制性要求，各地编制的《政府部门财务报告部分常见问题审计指引》《政府财务报告管理系统及部分常见问题数据审计指引》主要针对政府债务项目编报及核算范围不完整、科目数据勾稽关系不准确、合并报表、会计政策变更差错更正等事项的会计处理不当等问题相对较多，但对于报告债务确认计量的控制机制、债务信息的全面性、可靠性等审计相对不足。从实践层面看，各地结合自身实际围绕报告审计工作做了一些探索，但仍需要进一步总结经验，扩面提质。

（三）债务风险传导审计

1. 审计目标

本节所称的债务风险传导审计，是对地方政府债务可能引发的风险及其在不同领域、不同层级政府之间传导路径使用统一的标准和规则实施的专项审计活动。通过政府债务风险传导审计，可以使地方政府性债务审计从面到体，更准确地识别和评估地方政府债务的整体风险状况，包括债务规模、结构、期限和偿还能力。

审计目标在于识别和评估地方政府债务风险，防止风险扩散和升级，避免系统性风险的发生，确保地方政府债务的可持续性，并为事实债务管理和风险化解决策提供依据。

2. 审计对象和内容

债务风险传导审计对象往往是一个区域、一类项目、一笔资金或一项政策，是以风险传导为主线从区域、项目、资金、政策各个维度的综合检查与分析，在摸清政府债务的总规模、增长速度、债务结构和到期分布的基础上，评价分析政府债务资金的使用效益，识别地方政府债务的风险点，检查政府对债务风险管理、防范的举措，建立风险模型模拟在不同情境下的长期财政情况，评估债务风险的可能性和影响程度，关注中长期偿债能力和发展能力，具体包括地方政府债务专项审计、政策落实跟踪审计等。

监管核心目标是防范和化解系统性金融风险，而财政政策与货币政策是防范地方政府债务风险的两大关键政策工具，财政政策可通过增加政府支出或减税来刺激总需求，而货币政策可通过降低利率或增加流动性供给来配合财政政策的扩张，二者的协调使用能平衡市场波动，有效地管理和调节金融体系内部的资金流动，维护宏观经济和金融市场的稳定。在地方政府债务监管工作中，积极的财政政策通过合理安排地方政府债务规模，优化债务结构，激发市场活力，增强地方政府的财力及可持续基础；稳健的货币政策能够有效保障市场流动性合理充裕，管理和引导金融机构信贷总量投放，切实降低地方政府的融资成本，实现二者有效协同配合，通过互补效应实现跨周期与逆调节，为地方债务风险管控提供良好的政策环境，共同促进宏观经济金融的稳定与发展。

为此，审计应充分发挥重大政策措施落实情况跟踪审计的功能，发现和评估财政政策与货币政策在地方债监管问题上的协调配合效果，统筹平衡发展需要与债务风险，提出促进财政与货币政策协同发力，调动地方政府积极性从被动响应到主动管理的政策实施路径，积极应对“三重压力”，与财政金融协同构建统一、规范、科学、有效、可持续的地方举债监管机制。

3. 审计程序

审计准备阶段应明确审计目标和范围，制订审计计划。收集和分析相关的财务报表、债务合同、政策文件等资料，全面梳理审计对象的财务业务及管理流程；收集地方政府的显性债务和隐性债务数据，包括直接债务、担保债务、预期债务等，对债务数据进行分类和分析，识别债务结构，利用风险识别方法，系统分析潜在风险因素，包括执行风险、收益实现风险、现金流风险、政策风险等。评估地方政府债务管理在债务举借、使用、偿还等环节的监管机制和风控措施。对债务资金的使用合规与绩效、偿还计划、风险管理等进行深入审查，形成审计意见，揭示风险管理问题并提出改进建议。

4. 需重点关注的审计问题

相对于事项行为审计和报表审计，债务风险传导审计站位更高，综合性更强，其地方政府债务风险传导审计更应从研究型审计的理念出发，站在公共风险视角，真正吃透党中央、国务院政治意图和战略部署，研究和揭示地方政府债务新形势、新问题，近期应关注研究的债务风险问题主要集中在以下几个方面：

（1）关注融资平台债务与地方债风险的关系。

如何定位融资平台债务与地方债的关系，是科学认识风险进而管理风险的前提。个别地方政府的融资平台，涉及隐性债务规模大，如果处理不好，会影响社会稳定，融资平台公司的债务应当纳入债务风险传导审计，应进一步关注各级融资平台债务压降，重点关注其资产负债情况、偿债情况、经营可持续性等，但同时，要破除应当将融资平台与地方政府一刀两断的认识误区，即把投融资平台与地方政府变成一个像一般国有企业和政府的关系。投融资平台公司是各地方开展投资建设活动的重要主体，它们在基础设施和公共服务等公共基础设施的建设、维护，以及城市化进程中发挥着关键作用。离开投融资平台，政府很多事情是没法办的，但目前对投融资平台的资产负债表和政府的资产负债表的关系没有研究清楚，有时把两张表混在一起将平台的债务简单视同为政府债务，其依据主要在于项目是公益性项目，现金流不能覆盖项目的本金和利息，那公益性项目对应的债务就应当属于政府债务，但实际上，我们对公益性项目的理解还停留于能否收费的角度加以认定，没有从其是公共权衡的结果这一角度来加以认定，难以逻辑自洽。

长期以来，融资平台在地方经济发展中发挥了重要作用，要化解风险首先需要从政策传导的角度进一步厘清政府和投融资平台的关系。从平台和财政政策的关系看，一方面，当前地方政府债券的使用管理仍需依靠平台，不能把化债及相关审计简单理解为分割债务、抑制平台扩张；另一方面，政府和平台二者不仅仅是法律上的所有与被所有的关系，投融资平台同时是企业法人、民事法人，必须遵守商业规则，但在现实当中投融资平台的功能被异化成了依附于政府的一个附属部门，而非市场主体，所以投融资平台和财政政策的传导有直接的关系。

在货币政策的传导中，投融资平台是货币需求扩大的一个强大的内生力量。对于一般商品，其供给基本是由供需双方共同决定的，但货币供给不同于一般商品，供给端是货币当局。从需求端看，地方政府要落实好中央宏观调控任务促进经济社会的发展，地方政府之间的竞争就要利用投融资平台实施扩张，投融资平台的资产负债表也要扩张，各类投融资平台多依靠信托等金融中介在市场融资，这在客观上造成地方的投融资平台本身即形成了一个庞大的货币需求，甚至成为所谓的“城投信仰”，导致货币当局难于控制货币供给，因此，地方债务风险传导审计可以进一步系统分析这类问题，研究提出应对这些冲击的措施。

（2）关注财政政策与货币政策协调。

风险传导审计的一个重要功能是分析现行政策是否合理有效，监管并非是把债务简单地压减清零，其本质应是通过对债务性质的识别，将政府支出责任和监管责任界定清楚。这一过程中审计应发挥导航系统作用，聚焦各类政策的适配性，让财政政策与货币政策在风险管控中发挥合力，避免合成谬误。

一是要平衡局部和整体。如：2021 年《银行保险机构进一步做好地方政府隐性债务风险防范化解工作的指导意见》（银保监发〔2021〕15 号）限制了对涉及隐性债务的城投公司在内的流动资金贷款及项目配套融资，此举尽管有效遏制了地方公共债务风险向金融机构的蔓延扩散，也是国际上普遍采用的监管机制①，但造成融资平台流动性紧张，进而偿债压力提升，只能通过向类金融机构开展融资租赁、发行定向融资等更高利率产品等方式融资，融资平台这种饮鸩止渴的做法使得其偿债能力更加恶化，相关违约事件频发，甚至威胁到个别地方的金融稳定。

二是要平衡当期和长远。如：2014 年以来，监管部门就加强金融监管协调，防范化解债券和信托产品违约及地方政府性债务风险等政策

① 金融稳定理事会（FSB）：2022 年发布的报告中探讨了新兴市场经济体对外借贷结构的趋势，重点关注向非银行融资的转变。该报告研究了这些发展如何导致了新兴市场经济体脆弱性的增加以及 2020 年 3 月的动荡。报告讨论了在考虑限制这些脆弱性的措施时可以考虑的政策问题。这包括解决外汇错配累积问题的措施；加强危机管理工具；解决数据缺口问题，以促进风险监测和及时采取政策。金融稳定委员会提出：如果考虑让某些非银行金融机构获得中央银行的流动性，当局应评估这些非银行金融机构的监管框架是否适当，详见：US Dollar Funding and Emerging Market Economy Vulnerabilities. The Financial Stability Board（FSB）. 26 April 2022。

达成共识。印发《国务院关于界定中央和地方金融监管职责和风险处置责任的意见》（国发〔2014〕30号），推动明确了中央和地方金融监管职责和风险处置责任。进一步发挥开发性金融对棚户区改造支持作用，拓宽棚户区改造融资渠道，将地方政府统筹规划棚户区改造安置房、公共租赁住房和普通商品房建设的安排，纳入开发性金融支持范围，仅2014年，国家开发银行就新增棚改贷款4086亿元，较上年增加3026亿元。辽宁、重庆、贵州等地在全国银行间市场成功发行保障房建设定向债务融资工具，在央行等监管部门支持下，福建等地组建省级保障房投融资平台。2014年4月，中国人民银行创设抵押补充贷款（PSL）作为结构性货币政策工具，为开发性金融支持地方落实中央重大决策，开展棚户区改造、地下管廊、重点水利工程等提供长期稳定的资金来源。抵押补充贷款的主要功能是支持国民经济重点领域、薄弱环节和社会事业发展而对金融机构提供的期限较长的大额融资。发放对象为开发银行、农发行和进出口银行。对属于支持领域的贷款，按贷款本金的100%予以资金支持，属于阶段性工具。抵押补充贷款采取质押方式发放，合格抵押品包括高等级债券资产和优质信贷资产。截至2024年4月底的余额为3.37万亿元，利率为2.25%。PSL的审批主要看的是地方政府信用，支持对象多属公益项目，收益性较低、平衡难度大，使得其尽管是债务融资，而事实上充当着财政资金，加之PSL没有受到地方财政预算约束，若过度使用，到期时偿还存在困难只能通过高利率商业银行贷款平替，或借助融资租赁、定向融资等类金融机构发行高收益产品，有可能加剧债务风险甚至引发信用崩盘。如何对设计此类工具的政策性银行支持隐性债务置换给出政策空间，需要系统研究。

三是要平衡“堵”与“疏”的关系。如：《关于金融支持融资平台债务风险化解的指导意见》（国办发〔2023〕35号）实施后，地方政府融资平台不能新增融资，部分平台收入单薄，手里的存量项目要正常推进、避免爆雷，只能通过过桥资金解决，进一步加重了短期风险，只有地方政府通过特殊再融资债券等结算城投公司欠款，城投公司以此类资金置换非标融资后短期风险才有可能分散缓释，对此，除了按照35

号文件中金融机构配合展期降息外，在一定条件和期限内，央行指导银行间市场交易商协会如何科学放宽“名单外”城投公司收入、现金流、资产结构等方面的窗口指导政策，以及在银行间债券市场募集资金用途的限制，对系统重要性银行在化债过程中的履责情况实施督导，助推地方城投用银行贷款开展非标置换，降低非标债务占比。同时，对于持续发行定融和非标的地区，如何收缩化债相关的协助支持政策，防止短期风险长期化的同时保证商业银行对城投类公司开拓具备稳定现金流的项目予以正常授信需要给出审计的价值向度。

（3）关注防范地方资产负债表收缩效应。

防范化解地方政府债务风险在一定程度上导致了政策的收缩效应。当前，宏观调控主要是靠地方，中央实际上就是下指标下任务提要求，更多地是靠地方实施的，而地方政府主要任务又是将化解债务风险的目标落到通过借新还旧等手段的“化债”上，与中央强调的积极财政政策出现一定背离。2024 年 5 月，中国人民银行发布的最新数据显示，2024 年 4 月末，广义货币（M2）余额 301.19 万亿元，同比增长 7.2%，但前四个月社会融资规模增量较上年同期出现负增长，说明除政府融资外，市场主体和居民内生融资需求在下降，加之超长期特别国债、地方债的发行，对货币政策构成一定压力，如何从宏观视角上提出对策，降低实体经济成本，有效扩大内需，避免经济陷入通缩—债务收紧—经济下滑的螺旋风险传导审计的重要使命。

在结构方面，通过风险传导审计系统评估各类债务风险及财政可承受能力是分类施策给予流动性支持的基础和前提，债务风险不能完全消除，过度排斥债务也会带来机会成本，要对债务风险收益的平衡通过科学的指标加以判定，目前风险测度指标存在局限性。未来应进一步优化指标设置，避免因顺周期性特征导致的误判（刘尚希，2024）。对于债务结构，应考虑宏观债务的期限结构、利率结构和货币匹配情况，审计中需重点关注违约风险等级高、影响范围大的地方公共债务，分析经济公共风险变化，是否需要举债对冲；研究利率变动对债务成本的敏感性分析，将风险信息及时传递，配合财政国库部门建立政府的财政收入和支出现金流的预测机制，与人民银行共同做好现金管理，确保债务偿还与现金流入相匹配。同时，审计分析利率变动机制下地方债风险，推动利率市场化改革，对地方政府融资成本合理定价，促成地方政府举债自律机制。

（4）关注化债措施与效果。

当前，地方化债任务依然繁重，审计机关应密切关注化债政策的实施效果和存在的问题，并提出整改建议。目前主要的化债措施分为以下几种：

第一，应急性偿债支持。解决流动性风险是化解地方政府债务问题的关键一步。央行设立了应急流动性金融工具（SPV），由主要银行参与，通过这一工具为债务负担较重的地区提供流动性贷款支持，并起到对冲政府债券发行缴款因素的影响、适当供应中长期基础货币的作用。同时，一些地方成立了债务风险化解储备金、区域稳定发展基金等引导金融资源向重点领域和薄弱环节倾斜，与货币政策的结构性调节功能相辅相成。应急性偿债支持的对象不仅在于地方政府，还有可能是融资平台，融资平台通常涉及多个债权人和复杂的债务结构，这会造成流动性管理的复杂性增加，并对其他经济部门的信贷资源造成一定挤压。此外，为融资平台提供偿债支持可能会改变市场对风险资产的偏好，因为传统上隐性担保的存在，市场参与者可能会认为与融资平台相关的投资风险较低，进而改变风险偏好，相关政策需对此做好权衡。

第二，借新还旧与债务展期。当前，财政部在地方政府债务限额内安排用于化债的特殊再融资债券发行力度进一步加大，2023 年度发行已超过 1. 2 万亿元。此外，从 2024 年开始，连续几年发行超长期特别国债，今年先发行 1 万亿元专项用于国家重大战略实施和重点领域安全能力建设，通过发行超长期特别国债扩张中央资产负债表，发挥中央政府在基建投资中的引导带动作用，进一步低成本改善央地债务结构，使地方有更多的财力空间用于化解隐性债务，同时有一部分将被用于置换地方公共高息债务，实际上将地方政府欠社会的债务内化为地方政府欠中央政府的债务，大幅缓解偿债压力的同时，实质性降低违约风险。在减轻债务负担方面，2022 年第四季度，央行支持 21 家全国性金融机构对收费公路贷款减息 0.5 个百分点，人民银行对金融机构实际减息金额给予等额资金激励。

第三，债务重组置换。一些地方政府立足自身实际，统筹资源，按照市场化原则与金融机构、企业等开展债务重组，以进一步剥离举债职能，加快优化整合城投平台资源。部分地方政府通过签署政银企合作协议等形式获取支持，化解融资平台债务风险。这些举措可以增强市场对地方政府债务可持续性的信心，有助于稳定市场预期，减少金融市场的不确定性，但债务重组过程中可能伴随资产减值和信用损失，会对金融机构的资产负债表造成压力，导致贷款条件放宽，降低银行贷款的整体质量，增加未来潜在的不良贷款风险。特别是倒逼金融机构的非市场化行为，审计机关对此应予以关注。为此，审计机关应加强对城投债务的风险评估，根据城投平台的不同职能和风险状况，实施分类监管，近期，央行征信系统已上线了融资平台经营性债务查询权限，隐性债务监管平台归口财政部统一管理。在化债操作细则明确后，优化信息共享机制对于科学高效开展债务重组至关重要，应打造全口径地方债务监测监管体系，提高债务管理的透明度和规范性。

此外，审计机关可建议地方政府积极对接金融机构争取重新授信，加快资源优化整合，对于同质竞争、难以开展市场化业务的区县级平台由省市级平台吸收整合，对风险较高的平台实施更严格的债务管控。近期，央行已通过非对称性降息、新一轮存款利率下调等政策支持，缓解银行净息差压力，金融机构优化资源配置、支持具备市场化转型能力的融资平台开展资产重组。未来，监管机构需要出台更多的激励措施，如综合运用再贷款、再贴现等引导金融机构优化内部资源配置和授信安排，让金融机构有余力腾挪空间参与地方隐形债务化解任务，促进其加大对特定领域和行业的信贷支持，增强其参与置换的积极性。

第四，盘活存量资产。2023 年，国开行、农发行等政策性银行推出“盘活存量国有资产贷款”，对参与存量规模较大、当前收益较好或增长潜力较大的基础设施项目资产盘活的市场化主体予以中长期项目贷支持，以提高存量行政事业性国有资产的利用效率，释放其潜在价值，增加有效投资。

未来，审计机关应高度关注存量资产，建议尽快启动可偿债资产审计，对行政事业单位资产情况进行全面清理和核查，摸清家底，督促地方政府解决折旧未提、资产未录入、划拨资产未接收等账实不符问题，全面、真实、动态地反映资产规模质量，结合相关资产的增信措施、内部管理和控制情况、资产使用情况及预期现金流合理估值，真实公允揭示各类资产的实际价值，督促政府部门加大闲置资产租售盘活力度，推动特许经营权、数据资源估值入账。

在此背景下，宏观审慎监管政策需要进一步优化，以促进金融资源合理分配，特别是针对交通、水利、清洁能源、保障房等经营性资产，金融机构应当制定完善各类资产的偿债条件和法律责任、可偿债务类型和资产风险分类等级标准，综合债务主体的信用评级、征信记录、偿债记录、偿债意愿、可用财力对债务主体的偿债能力和风险程度作出判断，遏制局部债务风险累积。同时，监管机构应要求银行金融机构以债权保全为前提，不抽贷、不断贷，积极开展展期、重组，特别针对《商业银行金融资产风险分类办法》文件中涉及的地方债务的金融资产及重组资产的认定、风险损失准备计提等内容，建议适度区别于一般金融资产，以实质性鼓励银行等金融机构积极参与债务展期，缓释债务风险。

（5）关注地方债风险外溢。

人民银行等机构针对化债难点创设了城中村改造、保交楼专项借款、应急流动性借款等货币政策融资工具处置风险，这类工具多数旨在支持地方政府落实国家重大战略，政策针对性强，时间短、利率低，使用较为灵活，在地方政府面临短期周转困难的关键时刻有助于维持流动性，但货币政策应以调控总量为主，此类结构性货币政策针对性强，会弱化市场机制发挥作用，此外，这类借款的债务人是地方政府，应按对应政策要求加以管理，但实践中由于部分货币政策工具未纳入预算管理，相应也没有接受人大监督，若未严格落实借款条件，容易造成地方局部违约风险外溢，金融机构违规经营损失向财政转嫁，甚至由中央财政转移。这些实践中的难点和矛盾，不能靠某一部门出台政策单兵作战，只有发挥研究型审计发现问题的牵引绳作用，一盘棋督促落实才有可能彻底解决。

第六章

结　语

在深入领会当前国家有关地方政府债务监管决策部署、学习研究相关部门出台的有关政策文件的基础上，本书对国内外有关地方政府债务、政府债务风险管理、地方政府性债务审计、绩效审计等理论文献进行了梳理综述，对地方政府债务、地方政府性债务审计等基本概念进行了界定，对国内外地方政府债务监管的理论进展和实践探索进行了提炼和总结，从地方政府债务监管的理念、必要性、前提和目标、关键举措和实现路径等方面分析了地方政府债务监管的质量框架和构成要素。在此基础上，总结了地方政府性债务审计工作的总体进展，从界定政府债务的审计范围、保障审计数据的完整性和准确性、债务数据的完整性和准确性有待提升五个方面分析了地方政府性债务审计工作面临的难点，根据地方政府债务监管的要求，分析提出高质量审计监督机制的建设目标和内容，并将现行审计按照从点到面、从面到体的逻辑层次分为事项行为专项审计、政府决算与财务报告审计和债务风险传导审计，分别研究其审计目标、审计对象和内容、审计程序以及需要关注的审计问题。

然而，受自身研究能力、形势变化以及政策的动态调整更新等主客观因素的影响，本书仍然存在很多不足之处，有待在今后的实践和探索中不断研究完善：一是如何将研究的风险监测和绩效评估指标整合起来，共同为地方债审计提供有效工具；二是在审计中如何进一步落实党中央、国务院“统筹安全与发展”的部署和要求，通过审计工作实现地方政府债务从问题发现到整改提升的闭环，不断推动国家治理体系和治理能力现代化；三是如何发挥审计的指挥棒作用，支持优化地方债务风险化解的政策环境，做好财政与金融监管的协同配合，共同促进宏观经济金融的稳定与发展。

主要参考文献

[1] 蔡利，段康．政府审计对地方政府债务治理的效应研究［J］．审计研究，2022，226（02）：31-42.

[2] 陈文川，杨野，白佳明，等．债务审计对地方政府债务风险的影响——基于2008—2016年省级面板数据的实证检验［J］．审计研究，2019，210（04）：29-38+47.

[3] 付英俊．地方政府债务的货币效应：事实、机制与政策含义［J］．中国货币市场，2023（03）：50-53.

[4] 郭玉清，毛捷．新中国70年地方政府债务治理：回顾与展望［J］．财贸经济，2019，40（09）：51-64.

[5] 郭玉清，薛琪琪，姜磊．地方政府债务治理的演进逻辑与转型路径——兼论中国地方政府债务融资之谜［J］．经济社会体制比较，2020，207（01）：34-43.

[6] 胡玥，张涵萌，马文杰．地方政府债务治理改革与企业人力资本升级［J］．经济管理，2022，44（08）：152-169.

[7] 李程，刘雅欣．空间经济学视角下的地方政府债务风险溢出效应研究［J］．云南财经大学学报，2022，38（11）：1-21.

[8] 李宗彦，郝书辰．权责发生制政府财务报告审计制度探讨——英、澳两国实践经验及启示［J］．审计研究，2018，201（01）：51-58.

[9] 梁若冰，王群群．地方债管理体制改革与企业融资困境缓解［J］．经济研究，2021，56（04）：60-76.

[10] 刘贯春，程飞阳，姚守宇，等．地方政府债务治理与企业投融资期限错配改善［J］．管理世界，2022，38（11）：71-89.

[11] 刘骅，陈涵．地方政府债务的协同治理审计研究［J］．财政研究，2018（09）：106-117.

［12］刘力云，张强，隋学深．金融审计的监督、洞察与前瞻功能［J］．审计观察，2020，18（02）：50－55.

［13］刘力云．深化审计理论研究推动审计制度完善和发展——从学习新修订的审计法谈起［J］．审计观察，2022，48（08）：19－24.

［14］刘尚希，李成威．防范化解重大风险的理论分析［J］．经济学动态，2023（05）：3－16.

［15］刘尚希．宏观政策发力须解决好四个重要问题［J］．财政科学，2024（01）：5－8.

［16］马东山，韩亮亮，张胜强．政府审计能够抑制地方政府债务增长吗？——财政分权的视角［J］．审计与经济研究，2019，34（04）：9－21.

［17］马轶群．地方政府债务的租值耗散及国家审计治理——以融资平台为例［J］．财经科学，2015，323（02）：63－71.

［18］蒲丹琳，王善平．官员晋升激励、经济责任审计与地方政府投融资平台债务［J］．会计研究，2014，319（05）：88－93＋95.

［19］宋夏云，马逸流，沈振宇．国家审计在地方政府性债务风险管理中的功能认知分析［J］．审计研究，2016，189（01）：45－52.

［20］孙宝厚．关于新时代中国特色社会主义审计模式的思考［J］．审计与经济研究，2021，36（01）：11－13.

［21］王彪华．国家审计准则变迁及其影响研究：一个理论解释［J］．中央财经大学学报，2018，376（12）：52－61.

［22］吴文锋，胡悦．财政金融协同视角下的地方政府债务治理——来自金融市场的证据［J］．中国社会科学，2022，320（08）：143－162＋207.

［23］向辉，俞乔．债务限额、土地财政与地方政府隐性债务［J］．财政研究，2020，445（03）：55－70.

［24］熊琛，周颖刚，金昊．地方政府隐性债务的区域间效应：银行网络关联视角［J］．经济研究，2022，57（07）：153－171.

［25］徐玉德．地方政府隐性债务的内涵辨析与逻辑溯源［J］．财

政研究，2021，463（09）：30－39.

［26］袁海霞，汪苑晖，鲁璐．地方债化解核心逻辑、化债思路与政策建议［J］．财政科学，2023（10）：43－51.

［27］曾康霖，吕劲松．加强地方政府性债务管理的审计思考［J］．审计研究，2014，177（01）：31－34＋8.

［28］张曾莲，岳菲菲．政府审计能防范地方政府债务风险吗——基于债务审计准自然实验的2009—2017年省级面板数据的PSM－DID分析［J］．上海金融，2021，496（11）：11－25.

［29］张牧扬，潘妍，余泳泽．社会信用、刚兑信仰与地方政府隐性债务［J］．金融研究，2022，508（10）：1－19.

［30］赵全厚．风险预警、地方政府性债务管理与财政风险监管体系催生［J］．改革，2014，242（04）：61－70.

［31］郑石桥，张天宇．论政府综合财务报告审计模式［J］．会计之友，2021，665（17）：145－149.

［32］仲杨梅，张龙平．国家审计降低地方政府债务风险了吗？［J］．南京审计大学学报，2019，16（03）：1－10.

［33］周世愚．地方政府债务风险：理论分析与经验事实［J］．管理世界，2021，37（10）：128－138.

［34］Alexander，Kuehn，Schmid，Lukas. Investment－based corporate bond pricing［J］. Journal of Finance，2014，69（6）：2741－2776.

［35］Brixi，H. P. Contingent Government Liabilities：A Hidden Risk For Fiscal Stability［R］. World Bank Policy Research Working Paper，1998，No 1989，Washington D. C.

［36］Hana Polackova Brixi，Allen Schick. Government at Risk［R］. The World Bank.

［37］Kickert W，Randma－Liiv T and Savi R. Fiscal Consolidation in Europe：A Comparative Analysis［R］. COCOPS Trend Report. European Commission，2013.

［38］Ronald A. Dye. Auditing Standards，Legal Liability，and Auditor

Wealth [J]. Journal of Political Economy, 1993, 101 (5).

[39] Samuel G Hanson, David S Scharfstein, Adi Sunderam, Social Risk, Fiscal Risk, and the Portfolio of Government Programs [J]. The Review of Financial Studies, 2019, 32 (6): 2341 -2382.

[40] Torres L, Pina V, Acerete B. E - Governance Developments in European Union Cities: Reshaping Government's Relationship with Citizens [J]. Governance, 2006, 19 (2): 277 -302.

[41] Watts R L, Zimmerman J L. A Positive Accounting Theory [J]. The Accounting Review, 1986, 65.